全国小学生校园美文精品集萃丛书

七色阳光
小少年

月光下的等待

《语文报》编写组 编

时代文艺出版社

图书在版编目（CIP）数据

月光下的等待 /《语文报》编写组编 . —长春：时代文艺出版社，2018.8（2023.6重印）
（"七色阳光小少年"全国小学生校园美文精品集萃丛书）

ISBN 978-7-5387-5881-8

Ⅰ.①月… Ⅱ.①语… Ⅲ.①作文－小学－选集 Ⅳ.①H194.4

中国版本图书馆CIP数据核字（2018）第116989号

出 品 人 陈 琛

产品总监 郭力家

责任编辑 徐 薇

装帧设计 孙 利

排版制作 隋淑凤

月光下的等待

《语文报》编写组 编

出版发行 / 时代文艺出版社
地址 / 长春市福祉大路5788号 龙腾国际大厦A座15层 邮编 / 130118
总编办 / 0431-81629751 发行部 / 0431-81629758
官方微博 / weibo.com / tlapress
印刷 / 北京一鑫印务有限责任公司
开本 / 700mm×980mm 1 / 16 字数 / 153千字 印张 / 11
版次 / 2018年8月第1版 印次 / 2023年6月第5次印刷 定价 / 34.80元

图书如有印装错误 请寄回印厂调换

编　委　会

目 录

七月八月看"巧云"

我把春天带回家

毛毛虫的梦想

疯狂的冰激凌节

005

与你一起走过的日子

　　阳光透过树叶的缝隙，碎成点点金斑，随风儿舞动，散落在你——我的父亲的病床上。望着你脸上被风风雨雨刻上的深深的皱纹，我心中有一丝悲伤，这是无情的岁月在你的脸上写下的沧桑。

那次难忘的理发

吴巧红

从小学我就是一成不变地扎着马尾辫。某一天，我突发奇想：剪一次短发试试看？

这个想法在我的脑海里盘旋了好久，一直到一次放假回家，我鼓起勇气把这个想法告诉了爸妈，发现他们并不反对，当天下午，我便开始行动了。

在去理发店的路上，我的心情可以说是复杂的：或许是因为第一次将要改变自己的发型，所以十分激动；或许是因为对剪发后的样子很好奇，所以也有期待；或许是因为担心剪发后的效果不佳，所以也很踌躇。

走进一家理发店，接待我的是一名胖胖的理发师。他问我："你是想剪头发还是洗头？"我告诉他想剪头发。他先安排我去洗了头。洗完头，他问我："你想剪什么样的发型呢？""剪短发！""要多短？"他又紧追着问。这个问题难倒了我，我想了许久，才回答说："你觉得多短适合我你就帮我剪多短吧！"他却说了一句："怎么能说剪多短适合就剪多短呢？这让我怎么下手……"这下把我彻底弄晕了，没想到如今连剪个头发都这么复杂。后来他见我默不作声，只好无奈地指了指我耳朵下方的位置，我也只能点点头。

　　剪刀在我头顶上"咔嚓咔嚓"地响着，丝毫没有停顿的意思。这让我不禁担心起来：他把我的头发剪得有多短？

　　后来，只见这名理发师从我身后拿出了一绺长发，看起来似曾相识。我问理发师："那是不是我的？"他点了点头。此时，我有种心痛且后悔的感觉，毕竟是和我相伴了那么多年的长发，就这么轻易地没了。

　　他没有就此罢手，而是更加起劲儿地剪着。看着自己的头发就这么一点点缩短下去，我只好开始一而再，再而三地嘱咐他别给我剪太短了。后来，理发师终于不耐烦了，回答我道："都已经剪到这里了，不再剪一下会很丑的，根本不像样！"我转过头对着镜子看了看自己脖子后面仅剩几厘米的"长发"，只好默默地接受了这个现实。

　　剪完后，我认真地瞧了瞧自己的新发型，心生些许悲凉。回到家里，爸爸妈妈差点儿没认出我来。妈妈说我变成熟了很多。我跑到镜子前重新审视了一遍，发现他们只是安慰我，何止成熟很多，简直是一名"大妈"！

　　回到学校，同学们的反应更是令我大吃一惊。看到迎面走来一个同班同学，我默不作声地走过去，看她能否认出我来。没想到她居然十分淡然地从我旁边走了过去，直到我叫住了她。她凝视了我好一会儿，才认出我来。到了班里，各种称号如潮水般涌来："蘑菇头""大婶""奶奶""和国际接轨"，等等。当时我恨不得找个地缝钻进去！

　　这是一次让我把肠子都悔青的经历，相信有过这么一两次不堪回首的理发经历的人不会只有我一个。不过，现在的我又回归从前扎着简单而阳光的马尾辫的日子了，自在，坦然。

与你一起走过的日子

张 璇

阳光透过树叶的缝隙，碎成点点金斑，随风儿舞动，散落在你——我的父亲的病床上。望着你脸上被风风雨雨刻上的深深的皱纹，我心中有一丝悲伤，这是无情的岁月在你的脸上写下的沧桑。

依稀记得小时候，我与你一起走在熙熙攘攘的大街上，车辆川流不息。小小的我跌跌撞撞地跟在你身边，好奇地打量着身边快步掠过的"庞然大物"，像一只初生的小鹿被包围在人墙之中，我感到惊恐、无措。但这感觉只有短暂的一瞬，很快，你用那双宽大而长满老茧的手把我高高举起，放在肩头。之后，你紧紧地握住我小小的脚。我骑在你的肩头，小手轻轻地搂着你的头，得意扬扬地看着匆匆而过的"庞然大物"，一股暖流迅速流遍了全身，抚去了我所有的不安，我的心里是满满的温暖。

那年，我两岁，你三十五岁。

记得那年五月的一天，当我跟着妈妈惊慌失措地回到家时，发现我们的家已经被夷为平地，而你被埋在废墟下面。我大声地哭喊着，你却不能答应。此后的两个多月，你辗转到江苏南京治病，而我被送到了外婆家。我第一次与你分离，第一次有了深深的牵挂。

我常常想念你宽厚的肩膀、结实的后背，甚至是那双粗糙的大手。而如今，我再也不能骑在你的肩头，抚摸你乌黑的头发，只因那场可怕的地震毁了我们的家，更毁了你的健康！多次手术之后，你的身体大不如前，你不能同我一样奔跑了。每次看见你气喘吁吁地爬楼梯，我都希望自己能快快长高长壮，能够早点儿背着你上楼；每次听到你剧烈的咳嗽声，我都希望有一剂良药能帮你减轻病痛！虽然你现在不能陪我做运动，让我坐在你的肩头，但是从前的那份幸福依然在我的记忆深处散发着芬芳。

那年，我五岁，你三十八岁。

还记得那天，我要去遥远的上海参加学校组织的助学活动，我是那批学生中年龄最小的一个。母亲千叮咛万嘱咐，有太多的不舍。而你却说："让他出去多锻炼锻炼，多见识才能更好地成长。"你用你宽大的手攥着我的小手，送我上车，让我去翱翔，将梦想放飞到蓝天里。

那年，我八岁，你四十一岁。

不会忘记，那一次期中测试，我考了前所未有的糟糕分数，我很惶恐。你虽然很生气，却没有责怪我，而是耐心地与我交谈。不知不觉中，我把惶恐抛到了九霄云外，取而代之的是满满的内疚和自责。坐在你身边，我忽然发现，你的那双大手苍老了许多，而我的手也不再是小小的了。岁月静默着流过，你一点点老去，却一直在我身旁陪伴我度过一个个艰难的求学日子。

005

此时，我十二岁，你四十五岁。

就这样被你牵着手一路长大，从最初目光平视时我只能看到你的膝盖，到看到你的大腿，再到看到你的腰间，直到看到你的肩头……如今，我们已经并肩而立。父亲，我已经从儿童成长为少年了，校园在变换，而你伫立在门口的身影始终不变。虽然你的青春已不再，但与你在一起的那份幸福却在不断延续。

窗台上，阳光温暖地照耀着，我和你静默着。我好想大声对你说："父亲，谢谢你陪我走过的每一个春夏秋冬。"

我相信，与你一起走过的日子，一起走过的每一个瞬间，都将是我永远的财富。

倔脾气的他

刘 娅

他，一米八几的个子，皮肤黝黑，每天都穿着朴素的蓝衣服。发脾气时，他的眼睛瞪得就像铜铃一样大。明明是他的错，可他就是不认错，许多人被他气得几乎想踹墙，却也拿他没办法。他有时能气得你要犯心脏病，有时又让你喜欢得不得了！他就是这样执拗、倔强、死板，不知变通，还有点儿傻，村里人都叫他"犟驴"。

他最喜欢说的话就是"我说的话就算数"，就因为他这句话，我挨过责骂，吃过亏，就因为他这句话，我妈妈被气得不知哭过多少次。其实他人缘挺好，乡亲们总爱找他帮忙，倔脾气的他做起事来可是很认真的。用我的话说，就是太讲诚信了，太善良了。就因为这样，有一些人总趁机占他便宜。

有一次，他喝醉了，村口张大雷和他商量换公路边上那块地的事儿，他二话没说就答应了。第二天，全家人知道后，让他去找张大雷收回口头契约，要回原来的地。他只是坐着，不吭声。妈妈气得直哭，爷爷奶奶也说他傻，说他是二愣子，怎么就那么倔呢！但不管你如何跟他理论，他只说那一句话："说过的话，就要算数。"

因为较真儿、认死理儿，我在得到关爱的同时，也被他无情地惩罚过。记得我八岁那年的一天，考完试后，我正准备回家时天下起了大雨，于是我就留在学校和几个小朋友玩起来。直到天黑雨停了之后，我才慢慢往家走。走到校门口时，我一眼就看见他正在校门口等我。那一瞬间，我感动得都要哭了。我激动地跑向他，觉得那时的他很温暖。那温暖，让我暂时忘记了他的苛刻，也忘记了他的倔脾气。直到回到家中，他黑着脸罚我面壁的时候，我才反应过来。他还是那句话："说过的话，就要算数。"我知道，他的脾气又来了。我无语，因为那次考试我的成绩在班上倒数。他早就说过，学习成绩排名不能倒数，否则要受到相应的惩罚。

我家门前有一棵老得只剩下树干的秃树，他舍不得砍，因为那是我太爷在他出生时种下的。后来因为我家地方好，就有人想和我们换，因为那棵树，他拒绝了。也有人想买那棵树，他也拒绝了。现在树都快死了，他还是舍不得砍。

有一天夜里，一辆大卡车撞到了树上，把大树的树干都撞裂了，几乎要断掉。事后，司机满是感激地对他说："多亏了你们家的那棵树，否则我和车子得一起掉到河里去。"而他却只说了一句："人没事就好！"一直珍惜爱护的树被撞成那样，他却绝口不提让司机赔偿。

傍晚，夕阳的余晖照在他和老树身上，那一瞬间，我觉得倔脾气的他其实很美！这么多年来，我越来越佩服他了！

他不是别人，就是我的父亲，我们姊妹几个，都亲切地称呼他"老爸"。

或许，这就是"爱"

张仁千

繁华的商业街上，一对头发花白的老年夫妇牵着手，在人群中悠然地散着步。

老爷爷穿着一件洗得发白的军大衣，头上戴着一顶绒帽，虽然脸上布满了岁月留下的痕迹，但依然非常精神，看起来像一位退伍的老军人。

老奶奶穿着一件朴素的棉衣，鼻梁挺挺的，虽然皱纹终究没胜过岁月的打磨，但五官依然精致，年轻时一定非常漂亮。

老爷爷紧紧牵着老伴的手，来到了肯德基门口。这时，老爷爷忽然停住了脚步，让老奶奶在门口等他。我正打算去肯德基买东西，于是也跟了进去。

老爷爷走向收银台："同志，给我拿一个蛋挞，谢谢！"说完，老人从口袋里掏出一把零零碎碎的钞票，仔细地数了数，递给了营业员。

接过蛋挞，老爷爷推开透明的玻璃门，快步走了出去。老奶奶迎上来，两个人一起走到旁边的花台边坐了下来。

老爷爷把蛋挞递到了老奶奶嘴边，侧着头，幸福得就像电视剧里热恋的年轻人，乐呵呵地望着老奶奶。

而老奶奶呢，似乎有点儿不好意思。她推了推老爷爷的手，说："已经这么大把岁数了，又不是小青年……"而老爷爷呢，仍然不依不饶地继续把蛋挞往老奶奶嘴边凑："快吃呀，特地给你买的……"

老奶奶终于没有拗过老爷爷，小心翼翼地把鼻尖凑到蛋挞边，半闭着眼睛，轻轻地咬了一小口……

细细咀嚼，慢慢品尝——或许，这就是"爱"。

爸爸，送您一碗女儿面

金培莹

从小到大，妈妈因为工作忙总是早出晚归，记忆中爸爸陪我的时间更多一些。

和爸爸在一起，让我印象最深的是，每当饥饿来袭，我哭喊着找妈妈时，爸爸总是笑着哄我："好宝贝，乖，不哭不哭，爸爸给你下面吃吧！"于是，我就跟在爸爸身后，仰着小脸，等着爸爸的面。爸爸下面的动作很熟练：烧水，拿出一个鸡蛋，切好葱姜，待面条下到锅中，挑拌几下，放进鸡蛋，添上调料，撒上葱姜……片刻之后，一碗热气腾腾的面就做好了。我狼吞虎咽地吃着香喷喷的面，幸福甜蜜的笑意溢满了爸爸的脸。

一年又一年过去了，我在爸爸那香喷喷的面中长大，也在爸爸那充满爱的关怀中感受着生活的幸福和甜美。有一天，看着满脸疲惫的爸爸，我突发奇想："爸爸，明天我给你做面吧。""好呀，我女儿长大了！"爸爸眼神里写满了惊讶，但满脸的笑容却表达着他内心的欣喜。

我开始计划着第二天早点儿起床，想象着如何为爸爸做鸡蛋面。期待、兴奋和激动让我难以入睡，在爸爸妈妈入睡后，我仍然悄悄地在屋里转来转去。忽然，卧室里传来了爸爸"惊天动地"的呼噜声，我蹑手蹑脚地来到爸爸妈妈的卧室——如水的月光从窗外照进来，照在爸爸那写满慈爱的脸上。我忽然觉得，爸爸老多了，光亮乌黑的密发里似乎掺进了银丝，皱纹也不知什么时候悄悄地爬上了爸爸的额头。我正细细地端详着，突然，爸爸双唇翕动："嗯，好吃！女儿做的面好吃！嗯……"啊？吓我一跳！原来爸爸在说梦话呢。再看爸爸，满脸笑意，侧了侧身子，继续打呼噜。哈，爸爸一定是梦见我给他做的面了，好馋嘴的爸爸哦！好好睡吧，爸爸，明天我一定给你做一碗香喷喷的面。我悄悄地溜出了爸妈的卧室，也甜甜地进入了梦乡。

一觉醒来，只感觉强烈的阳光透过窗户照进来，我赶快拿起闹钟。"天啊，居然十点了！"我急忙跳下床，直奔厨房，灶台上的一张纸却跃入眼帘："面在锅里，你自己盛吧。"完了，完了，我的计划泡汤了，自己怎么就那么贪睡呢？我吃着爸爸做的面，一种别样的滋味涌上心头，这面虽然已经吃了十二个春秋，可依旧那样香味绵长……

可我什么时候能给爸爸做一次面呢？这似乎成了我一块心病，挥之不去。机会终于来了，从妈妈嘴里得知了爸爸的生日，天助我也，正好是星期天，我提醒自己哪里也不要去，就在家里待着，准备为下班回来的爸爸煮面。快中午了，我学着爸爸的样子，准备好煮面的食材——葱、姜、鸡蛋、调料、面……

爸爸终于下班回来了，我赶忙盛了一碗热乎乎、香喷喷的鸡蛋面，笑盈盈地迎向爸爸："爸爸，今天你生日，送您一碗女儿面。"

爸爸先是一怔，然后乐呵呵地笑了，笑容里溢满了幸福和满足。爸爸端起碗大口大口地吃起来，一边吃，一边夸："嗯，女儿做的面就是好吃，比爸爸做的好吃多了，有个女儿好幸福哦……"

忽然，我瞥见爸爸的眼里有泪溢出，可是他却低着头继续大口地吃着……我知道爸爸在掩饰他的幸福的泪，可是我却忍不住泪如雨下。爸爸呀，你给了我那么多，而我却只是送给你一碗女儿面啊……

小乌龟"出汗"了

邵佳佳

我用积攒的零花钱在市场上买来了一只小乌龟。这只小乌龟可好玩啦，它背上是一层硬硬的壳，四条短短的腿，一条小小的尾巴，像枣核一样大小的头，用小棍儿一碰，就缩到壳里去了，小小的头上还有一对比绿豆还小的眼睛。

小乌龟的新家就是玻璃缸。刚搬入新家，小乌龟把头缩在壳里，一动不动。过了一会儿，它伸出头和四肢在缸里爬动，两只小眼睛还直愣愣地望着我呢！

听爷爷说，小乌龟最喜欢吃蚊子的幼虫，我便到小沟里捉蚊子的幼虫。有一次，我捉了几只小蚊子高高兴兴地回到家里，准备喂小乌龟。突然，我发现小乌龟背上有一粒粒小水珠。这是怎么回事呢？也许是小乌龟出汗了，我暗暗猜想。想到这里，我便拿着扇子使劲儿往缸里扇风。扇呀，扇呀，我累得直喘，可是小乌龟背上的汗珠还没消失。我心里很纳闷：奇怪，天这么冷，小乌龟怎么会热得出汗呢？而且，它的活动量也不大，就算是在出汗，那汗珠为什么扇不干呢？……这一个个问题在我脑海里闪现着。

第二天，我为了解开这个谜，便查阅了书籍，终于找到了答案——小乌龟背上"出汗"是由于空气中的水分多，在小乌龟背上结成了小水珠，这预示着可能要下雨了。知道答案后，我高兴得跳了起来，把小乌龟捧在手里，对它说："你可要当我们家的小气象员啊！"

从此，每当我看见小乌龟背上有了水珠，便知道"气象员"在通知我一场大雨即将来临。

一杯温开水

闫今朝

每天早上，妈妈总会为我准备一杯温开水。而我却讨厌喝温开水，无色无味。每次妈妈把水递给我时，我不但不去接甚至推过去。有时即便喝了，也极不情愿。

夏天的一个早晨，妈妈一如既往地递给我一杯水。我正心情烦躁，就把它推回去，嘟哝道："真不明白，温开水有啥喝的？我不喜欢喝，就是不喜欢喝，就是冰的白开水，我也不喝！要喝就喝冰镇的可乐！"刚开始，妈妈和颜悦色地给我讲道理，"白开水对身体可有好处了，人的身体每天都需要补充一定量的水分，喝水还可以排毒。"我更不耐烦了，"我身体里没有毒，排什么排？"这时，妈妈有点儿生气，"再不喝，今天你玩电脑的时间就取消了！"我怒目而视，"不玩就不玩！"随后，高音喇叭似的妈妈吼道："小屁孩儿，你是不是青春期提前了啊？"我也气急败坏地顶撞说："我看，你的更年期才提前了呢，天天逼我喝温开水，我快发疯了。"说罢，我甩门而去。

之后，妈妈也好像赌了气，一连几天也不做我喜欢吃的红烧肉了，我也坚决不喝妈妈每天准备的温开水，而且还经常对妈妈做些鬼脸儿，摆出一副不屑一顾的样子，好像母子之间的这场冷战我已经胜利了。

但是，又一个早晨，一切改变了。那天，我早起上完卫生间准备回屋继续睡，忽然发现一个熟悉的身影正在厨房忙个不停。她穿着睡衣，有点儿瑟瑟发抖，头发蓬乱，睡眼惺忪，还打着哈欠。看到此景，我的鼻子发酸了。妈妈是一位中等职业学校的老师，还担任着班主任，昨晚她上完晚自习十点多才回到家，早上不到六点就起床给我做早餐、准备温开水……实在是太辛苦了。而我却总是惹她生气，有时还故意气她，和她对着干。想到这儿，我的泪花开始在眼眶里打转，泪水模糊了视线。早上开饭时，我故意高声说："妈，我嗓子'疼'，要喝一杯温开水，排排我身体里的'毒气'。"妈妈一愣，立即高兴地把温开水递给了我。

此后，妈妈递给我温开水时，我再也不推开了，而是用双手接过来一口气儿喝掉。自从坚持喝温开水以来，我的身体越来越棒，以前经常出现的便秘、感冒等小病基本与我说拜拜了。这小小的一杯温开水，包含着妈妈无言而真挚的爱，妈妈的爱像春天的细雨，滋润着我渴望雨露的心田，给我以无限的关怀和鼓励，我决心以后每天也要给妈妈倒一杯温开水！

我们的"酷"老师

张娅琪

  教我们主课的三位老师,各有各的"酷"。王老师教语文兼班主任,她最酷的是风趣幽默。上她的语文课,同学们总是乐呵呵的,到下课也没有感到累,这都是受了王老师的影响。王老师朝气勃勃,讲到课文精彩的地方,就像小孩子一样和我们哈哈大笑。有一次,为了讲清一个重要问题,王老师反复讲了多次,还叫我们讨论,做动作给我们看。没想到她让一位同学回答,竟然回答错了。王老师一拍脑门,大喊一声"120",就"晕"了过去。同学们都笑了起来,大概她也觉得自己的动作太夸张,就走到那位同学面前,亲切地摸了下他的脑袋,说:"你呀,可不要让我真打120哟!"王老师批改作业除了画五星以外,更有趣的是有时额外会有一只小苹果、一张美丽笑脸的漫画。为了得到王老师的"额外奖励",同学们做作业更加仔细了。

  数学老师兼副班主任沈老师,他标准的酷是严肃认真,虽然上课时没有王老师风趣,但同学们可不敢开小差,因为他不能原谅我们的错误。这不,为我的同桌一点儿小错误,他正"纠缠不休"呢,一边画图,一边解释。那位同学频频点头,沈老师还不放心,又"唰唰唰"写了三道数学题目给他做,直到完全做对了,他才直起腰舒了一口气。

　　教我们英语的蔡老师配以"酷呆了"，也绝不过分。每当她风度翩翩地出现在教室，一身干净利落的打扮，卷曲的头发衬着天真的笑脸，张口就是一连串流利的英语，不打一点儿疙瘩，比老外还老外哟！把我们的耳朵都说直了。她让我们把书翻开，大声朗读第二十三课，同学们心领神会，教室里立马响起响亮的读书声。尽管我们有时听不懂她的话，但蔡老师说，这是为了培养我们的听力，多听绝对可以提高我们对英语的领悟力。还别说，现在我们已经和蔡老师很有默契了，再也没有开始时那么吃力了。

　　老师是园丁，老师是蜡烛……我们的老师也说过，他们愿意做我们的桥梁，可我总觉得都不太贴切，他们就是我们的偶像，那些酷点都是我们崇拜的地方，我们在他们的教育和影响下茁壮成长！

不死的草

赵　威

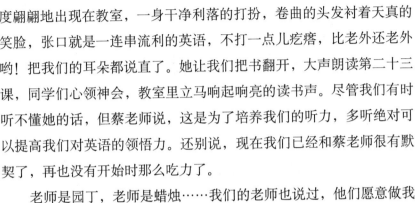

　　爸爸买回来一盆草，我问爸爸："买草干吗？"爸爸却兴致勃勃地说："这是含羞草。来，你碰碰它的叶子。""难道能点草成金吗？"爸爸得意地说："当然能。"我伸手碰它一下，叶子一瓣瓣收拢，茎也慢慢地垂了下来，就像死了一样。草的生命力不是很强吗？这草怎么像嫩豆腐似的，碰也碰不得。我目不转睛地看着它，不一会儿，它的叶子渐渐舒展开来，茎又竖挺起来，真是奇怪极了，这是为什么呢？

爸爸告诉我一个传说，从前有一个人做了亏心事，由于无脸见人，于是就变成了一棵草。只要别人碰它一下，就会羞愧地收拢叶子低下"头"。传说只是人们的想象，其中一定有科学奥秘，我终于在《十万个为什么》里找到了答案。这种现象是"膨压作用"造成的，它的叶子受到刺激做合拢运动，随之产生一种生物电，又将信息传送到其他叶子，其他叶子也合拢起来；待刺激消失后，叶子会重新张开，又恢复了原状。

从此我对含羞草产生了兴趣，每天为它浇水，让它晒太阳，观察它的生长情况。含羞草越长越高，叶子越来越多。有一天，它居然结出一个个小花苞，后来又开了淡红色的花。看着含羞草在风中轻轻摇动，那婀娜多姿的情态，我的心里充满了快乐。

直到冬天来临，含羞草终于枯萎，真的死去了，我非常难过。爸爸说："生老病死，这是大自然的规律，谁也抗拒不了，草也是一样的呀！"他的话说得没错，可是我想随着电子显微镜的发展和基因科学的普及，我们完全有条件去认识植物的基因的排列次序、空间结构等，并用一种特殊的手术刀切割酶，对基因进行剪裁和移植，让含羞草成为不死的草。我将跟随书本步入这神奇的科学殿堂，让想象成真。

我真惭愧

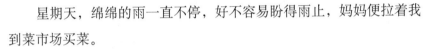

徐　菁

　　星期天，绵绵的雨一直不停，好不容易盼得雨止，妈妈便拉着我到菜市场买菜。

　　菜市场里狭窄而又泥泞不堪，人们摩肩接踵，吆喝声不绝于耳。小贩们站在各自的摊前，"王婆卖瓜，自卖自夸"。

　　我和妈妈来到白菜摊前，那白菜又白又大，拿起来掂一掂，嘿！还挺沉呢！说好价钱，妈妈便从钱包里取钱，不料一枚一角硬币滑落到地上，骨碌碌地滚到了人们脚下。无数双沾满泥浆的脚从眼前晃过，转眼间那枚硬币便不见了。

　　"徐菁，快去拾！"我哼了一声说："妈，不就是那一角钱嘛！"妈妈没理我，自己弯下腰寻找那枚硬币。可是，妈妈眼前闪过一双双的脚。突然，谁的脚重重地踏在污泥卜，点点污泥飞溅到妈妈的脸上。而她似乎浑然不觉，仍然低着头找那枚硬币。我看着妈妈，脸上顿时火辣辣的，仿佛所有的人都在嘲笑我。

　　我正准备离开，传来妈妈惊喜的声音："找到了！找到了！"回头一看，妈妈溅满污泥的脸上满是喜悦。她右手拿着硬币，在衣袖上擦了又擦，留下了几道刺眼的泥印。

　　这时，妈妈对我说："你瞧，这硬币上有什么？"我迷惑不解地望着妈妈，她语重心长地说：

"孩子，这只是一角钱吗？"我从妈妈手里接过那枚硬币，仔细地端详着：国徽上的五星闪着烁烁银光，天安门在它的照耀下显得那么庄严、雄伟，"中华人民共和国"七个刚劲有力的字令我怦然心动。

此时，这枚硬币在这阴暗的天气显得格外明亮，格外耀眼……

小　吃

何海洋

我生在天津，四年前，跟父母来到上海。我爱上海，也爱上海的小吃。我最喜欢吃小笼包，掀开笼屉，小笼包如同硕大的珍珠，光泽诱人。闻名中外的豫园蟹肉小笼包更是我的最爱，瞧，一层光亮的薄如蝉翼的面皮，隐约可见红的蟹膏，我小心翼翼用筷子提起一个，咬一口皮子，轻轻一吸，鲜美甘甜的汤汁从唇齿间滑过，直流入口中，嘿！可真鲜美哪！

各个地方都有特色小吃，天津也有不少。这次寒假去天津外婆家，可大饱口福了。年糕、玉米饼、猫不闻饺子、狗不理包子、耳朵眼炸糕、煎饼果子、猴不吃麻花、十八街麻花……光听名字就会引起食欲了。

麻花是天津的名吃，有各种口味，芝麻的、山楂的、五仁的……香甜可口，又脆又香。耳朵眼炸糕的名字好奇怪，原来一家炸糕店开

在一个叫耳朵眼的胡同，店里做的炸糕，人们都喜欢吃，因此而得名。那炸糕炸得金黄金黄的，外脆里糯，中间还有一层又香又甜的豆沙。

天津的狗不理包子更是极负盛名，它可是天津人的骄傲。外面一层厚厚的面皮儿，每一个都有十八个褶，里面是鲜猪肉馅儿，它用"狗不理"的名字，而这包子却谁都喜欢吃。

我爱南方小吃的玲珑细小，又爱北方小吃的实惠大方，品着这些小吃，仿佛看到了南方人的精明灵巧，北方人的朴实豪爽。这小小的食物，不也代表了南方北方人的特点吗？

蚂蚁观察日记

叶　宸

2017 年 7 月 30 日　星期日　阴

今天，我收到了新的蚂蚁工坊！我一看见蚂蚁工坊，激动得都快跳到天花板上了！这次的蚂蚁叫弓背蚁，个头特别大，简直是蚂蚁中的"超级巨人"，这使我观察起来特别方便！

我发现蚂蚁的身体主要可以分为三个部分：头、胸、腹。

蚂蚁的头上有两根长长的触角，它们一直在空中乱挥，好像在探测周围的环境是否有危险，以便它们能做出必要的防御措施。它们头上还有用来搬东西和吃食的大颚，就像一把微型剪刀，看起来力量不小。

　　我发现蚂蚁的六条腿全部长在胸部上，每条腿由三段组成，使它们行动起来非常灵活，而且最后一段腿上有很多小锯齿，就像一把小锯子绑在腿上。我想在蚂蚁工作的时候，这些细细的小腿肯定也能帮上不少忙！

　　蚂蚁的最后一节是腹部，它总是圆鼓鼓的，肯定吃了不少东西！

　　腹部的颜色很特别，不同的蚂蚁有不同的颜色，有的是纯黑的，有的是条纹状的，有的半黑半棕，真是有趣！

2017 年 8 月 3 日　星期四　阵雨

　　今天我看到了蚂蚁搬东西和吃东西的过程。

　　我在蚂蚁工坊里放了两粒瓜子，蚂蚁马上就随着气味爬过来了，好像在说："我们闻到食物的味道了，大家快去搬啊！"它们爬到瓜子上，在瓜子上摸索着，然后把大颚张开，看哪里能把瓜子夹住。有一只大颚很大的蚂蚁，把瓜子夹住走了一会儿，但是很快它就对瓜子失去了兴趣，不再搬瓜子了，估计它发现瓜子不是甜的了。

　　它们更喜欢吃工坊里的凝胶。蚂蚁吃东西时，先把大颚张开，再用大颚夹一点儿凝胶，之后蚂蚁的大颚又夹了几下，就像人咀嚼东西一样，蚂蚁大颚里的凝胶就"跑"到蚂蚁的身体里了。

2017 年 8 月 5 日　星期六　晴

　　蚂蚁干活儿很认真！

　　蚂蚁先用大颚切割出一小块蓝色的、亮晶晶的、用凝胶做的"小方砖"，再把"小方砖"放在旁边，一块、两块、三块……就这样周而复始地干着活儿。等到洞挖深后，蚂蚁就不再是"见哪儿挖哪儿"

了，而是看见哪里有凸起来的地方就挖哪里。挖下来的"小方砖"怎么处理呢？当然是吃掉或堆"砖山"了！蚂蚁用自己的大颚夹住蓝色的"小方砖"，再把"小方砖"堆积在一起，久而久之，"小方砖"就堆积成了一座山。

看来，这些蚂蚁虽然只住在这么小的一间房子里，但它们也不会感到无聊，因为它们在努力工作啊！

牙 在 囧 途

晨 曦

都说孙悟空有金箍才修成了正果。可我呢，自从有了那破牙箍，便开始了我"牙在囧途"的漫漫征程。

被强行装上牙套的我，第二天就"糗相百出"。我紧紧地抿着嘴巴，能不说话就不说话，"笑不露齿"，像大家闺秀一般。同学们见我这样就越发好奇，一个劲儿地问这问那。最后，在各种笑话的"轮番轰炸"下，在所有同学的"严刑威逼"下，我不小心露出了牙箍，全班同学哄堂大笑，有的指着我说不出话来，有的"假牙，假牙"地叫着，有的大声喊叫着"牙箍妹"并大肆传播，有的甚至要扒开我的嘴好好研究一番……这个消息不胫而走，形势一发不可收。我一下子捂住嘴巴，满脸囧相！

到了中午，我更囧了。食堂师傅烧的大排比板砖还硬。一口咬下去，这酸爽！我感觉原本已经被牙箍摧残的牙开始摇摇欲坠了。饿得肚子咕咕叫的我已经顾不得形象了，用勺子使劲儿把肉切成一小块一小块，勉强吃饱后，我发现牙齿缝里挤挤的，难受得要命。我狂奔到厕所里，见四周无人，便在镜子前露出了牙齿，只见几根肉丝在我的牙齿缝里，青菜像帘子般悬在牙箍上，可真是恶心至极，丑陋无比！我尝试着用舌头把食物舔下来，可是速度太慢，我又一个劲儿地喝水漱口，好不容易才把口腔基本清理干净。要是我每天都这样，那简直是浪费生命，真是囧上加囧！

午读时，我突然感觉口腔内隐隐作痛，有血涌出。我用舌头舔了舔，发现我的口腔已被牙箍刮得"四处狼藉"，掉皮的掉皮，流血的流血……从此，我说的每一句话、每一个字，都会在口腔中留下深深的印记。这牙箍，真是害我不浅！

牙在囧途，何时才能到头啊？

倾听大自然

张丫维

又是一个美好的早晨，我坐在窗前，呼吸着秋雨过后的清新空气，看着天空那朵朵恬然的白云，一切都是那么祥和、那么美好。

初秋的天气有些凉，柔和的光线并不刺眼，明媚的气息照得我心里暖暖的。

吃过早饭后，我和爸妈来到公园，尽情享受着大自然的馈赠。

调皮的风儿是大自然的歌手，你看她拂过高高的枝头，树梢轻轻地摇曳，和叶子一同唱出优美的歌曲，沙沙，沙沙……真好听。

走进花丛，碧绿的小草挺直了身子，接受阳光的沐浴，在微风的吹拂下，摇曳着婀娜的身姿，好不快乐！我兴奋地躺在草地上，仰望着湛蓝的天空，贪婪地呼吸着清新的空气，享受着这美好时光。

咦，哪儿来的声音？时而清晰，时而微弱，我怀疑是自己的耳朵在作怪。再仔细听，哦，原来是我身下的小草在反抗呢，我这才意识到我压疼小草了。我惭愧地抚摸着小草，说："疼吗？以后我再也不会伤害你了，也不会让别人伤害你的。"小草听了高兴地向我点头微笑。

咦，哪里奏起了交响曲？是在开演唱会吗？沙沙，沙沙，叮咚，叮咚……走，看看去！

哇，好热闹啊！百灵鸟既是歌手，又是舞蹈家，声音动听，舞姿翩翩。其他鸟儿也不甘示弱，纷纷哼上两句。金色的小甲虫娇小可爱，有蟋蟀伴奏，美妙的歌声随风飘荡。一曲唱罢，已是掌声雷动。还有各种叫不出名的小昆虫也加入这个世界，和她们一起享受着音乐的快乐！

你听到了吗？大自然的每一个音符、每一种声音都蕴藏着一种美。那种神奇、美妙、令人神往的声音，丰富了世界，点缀了世界。

大自然是丰富多彩的，只要你认真倾听，就会发现，它是如此美妙、动听。

感 谢 龟 兄

纪慧敏

前年的一天，妈妈给我带回来一只小巴西龟。它用那对小眼睛惊恐地打量着陌生的环境，脖子皱巴巴的，还伸得很长，头顶后部有一对红色的粗条纹。它虽然有鼻孔，但是细小得难以观察到。我称它为"龟兄"。

这个小家伙又馋又懒，特别贪吃。一天，有人要来我们家做客，妈妈早早地就到厨房忙活了。临近中午，饭菜的味道满屋飘香，龟兄像是闻到了似的，用前爪啪啪地拍着玻璃缸。我看它的样子挺可怜的，就拿起一个虾仁，放进了缸里，眨眼的工夫虾仁便消失得无影无踪。之后，它又拍着玻璃缸管我要，我无奈又给了它一个。吃饱后，它便把小眼睛一闭，悠闲地晒起了日光浴，时不时还晃几下身子，真懒！

要是说起这只小龟的淘气来，那真是无龟能比，无龟能敌。周末，我和妈妈出去逛街。走的时候，龟兄还在做着美梦，我仿佛看见它的口水流了下来。可是回来一看，缸里那个墨绿色的小身影竟然消失不见了，我的心里咯噔一声，吓了一大跳，连忙开始找，妈妈也把手头的活儿丢在一边，陪我一起找。找来找去，终于在厕所的地漏旁找到了它。我发现它时，它似乎很害怕，颤抖着身体，哆哆嗦嗦地爬着。我把它放到手上，一会儿它就不哆嗦了，很安心的样子。我想，它大概是觉得待在水缸里太无聊，才出来"探险"的吧！我把它重新放到缸中的"小岛"上，它又快活起来了。

我们渐渐熟悉了起来。我每天都会和它说话，它好像能听懂一样，频频点头。我有什么秘密也会和它说，这时它总会耐心地听着，变成了一个忠实的"倾听者"。

虽然龟兄只和我相处了短短的八个月，但是它给我带来了很多欢乐，我要感谢它呢！

爱 荷 说

赵菁艺

凉风习习，树影婆娑，醉人的花香沁人心脾。湖中荷叶田田，青翠欲滴，绿莹莹的叶茎像雕塑家用翡翠雕琢而成的，清淡而美丽，它摇曳着身姿，俊秀无比。叶面上的水珠儿滴溜溜滚动着，晶莹剔透，纤尘不染，像一颗颗漂亮的珍珠。

"荷花！荷花！"我忍不住盯着那些亭亭玉立的身影大喊。荷花真是美极了，清新艳丽，纯洁无瑕。瞧，那一朵全开的，好似风姿绰约的荷花仙子，一片片雪白的花瓣摸起来绒绒的，软软的，像一块块白色的绒布。那花瓣白得如雪、如玉、如绢，如飞溅的浪花，如晶莹的珍珠，如捉摸不透的云朵。它还很好闻呢，浑身散发着一种香中带甜的清香。它有的才展开半边花瓣，好像少女因害羞而用袖子遮住自己的半边脸，那时的花瓣好像是用白玉雕琢而成的，娇嫩嫩、湿润润、白生生；有的花瓣早已凋零，只留下一个碗口大的莲蓬头，它朝着明媚的阳光仰起可爱的圆脸，那绿色素雅极了，镶上一道黄边儿，更显得好看；有的还是花骨朵儿，似羞涩的姑娘低头不语。白花点缀在荷叶丛间，如一粒粒明珠，袅娜地开着，又如碧天里的星星，羞涩地眨着眼睛。

这么多的荷花，一朵有一朵的姿态。看看这一朵，如小船上坐了一位披着薄纱亭亭玉立的仙女，她姿态优美，似乎在翩翩起舞；看看那一朵，像俊俏的仙姑，对着水平如镜的湖面梳妆打扮。如果把眼前的这一池荷花看作一幅画，那画家的本领可真是太高明了。

平静的湖面就像一面大镜子，微风拂过，激起一圈圈涟漪，只见波光碎影，像细小的鱼鳞撒满水中。我站在池塘边，忽然觉得自己就是一朵荷花，穿着一身洁白如玉的衣裳，散发着怡人的清香，夏风习习，真是舒坦极了！微风乍起，我翩翩起舞，雪白的衣裳随风飘动，不光是我一朵，一池的荷花都在舞蹈，一个花骨朵儿就像铃铛似的，我在想，它们撞在一起会有声音吗？

渐渐地，我已深深地陶醉在了荷花的美丽和清秀中。

我的妈妈爱"撒谎"

宋正琪

我有一个好妈妈，但是她有个最大的"缺点"——爱"撒谎"。

妈妈是个孝顺的人，每次回外婆家总是大包小包的，外婆每次看到总会数落妈妈，花这么多钱买东西，不如给孩子攒起来，将来孩子上学也不用愁钱。妈妈每次都点点头，但下次照带不误。

一次，我和爸妈去逛超市，妈妈看中一件漂亮的上衣，准备买给外婆穿，一看价格，一百八十八元，当时有点儿吃惊，但还是买了下来。

来到外婆家，我迫不及待地把这件衣服拿给外婆。外婆一直想要这种深颜色的上衣，试了一下，高兴得合不拢嘴，站在镜子面前，左照照右瞧瞧，问了一句："这衣服很贵吧？"我刚想说："一百……"妈妈踩了我一下，急忙说："不贵不贵，原价一百八十八的衣服现在搞活动，只花了三十八元。"我一听，愣住了，哪来的活动？而且购物小票上也没写这件衣服三十八元呀！外婆高兴地说："真是物美价廉呀！"

回到家，妈妈向我解释："外婆是一个十分节俭的人，一听这么贵的衣服，她绝对不会要的，在老人家面前，只能这么说。"听了妈妈的话我半信半疑地点了点头。

027

还有一次，期中考试结束了，我考得不太理想，心里很难受。开完家长会后，我想妈妈回来肯定会责骂我，可妈妈回来后却说："老师说你最近表现非常好，学习很主动，只是考试时可能过于紧张没有发挥好，希望你能在学习时放松心态，认真一点儿就会取得更好的成绩。"我心里暗暗发誓，一定要考出好成绩，不让妈妈失望。

期末考试结束后，我如愿以偿考得非常好。老师对我说："这次考得不错，上一次，我还在你妈妈面前批评了你……"我这才知道，原来妈妈上次又"撒谎"了。

爱"撒谎"的妈妈，还在继续"撒谎"，但我却越来越爱她！

七月八月看"巧云"

　　我又似乎走在了柔软的沙滩上，前面是
蔚蓝色的大海，一朵朵白色浪花向我涌来；
金色的阳光照射在海面上，泛出点点淡黄。

给瞌睡虫写封信

何雯丽

亲爱的瞌睡虫先生：

你好啊！

我是你经常光顾的朋友，我想问你，你为什么老在早上光顾我呢？你为什么不晚上来呢？每天早上，你就爬进我的脑袋，"嗡嗡嗡"地在我耳边作响，我听着你的"催眠曲"就又睡着了。害得我每天早晨都要被老妈骂一顿。啊！七点半了！我胡乱穿上衣服，连早饭都没吃，就上学去了。去了学校，一点儿都不夸张地说，我的嘴张得都能塞一个大红苹果了，眼皮也在不停地打架呢，下眼皮被打得受伤惨重，导致我的眼皮睁一下闭一下。忽然听见老师叫我，我站起来都快要睡着了，还得被老师批一顿。

可一到晚上，就睡意全无，写完作业了，东串串，西走走，玩玩这，玩玩那。过了一会儿，你并没有光顾我。我躺在被窝里，都快十点了，可你还没来。十点半，你还没有"光临寒舍"。直到十一点，才有了点儿睡意，慢慢地我张着小口，睡着了。

还有一次，那可是刻骨铭心啊！记得那是个夏天的中午，我有点儿感冒，不爱睡觉的我也迷迷糊糊了，你也开始你的"嗡嗡作响曲"了。一点半，两点，你还在我的大脑里跳舞呢，和其他瞌睡虫一起欢

呼、吃喝玩乐，还挠我痒痒。我感觉大脑麻麻的，眼睛里全是眼屎，难道中午睡觉也会有眼屎吗？外星人也有眼屎吗？外星人的下一代呢？那肯定很搞笑吧！我觉得我已经出现幻觉了。你把你制作的麻醉剂倒进我的大脑里，我又睡着了。两点、两点半、两点五十，我迷迷糊糊睁开了眼。两点五十分！我打了个激灵，一屁股坐起来。老妈好像也被瞌睡虫侵入了，睡得还打呼噜呢！我穿上鞋就往学校冲，已经打了上课铃了，我才一屁股跌坐到座位上。

后来，我终于在手机上找到了一个对付你的办法，早上喝一杯凉水，再用湿毛巾擦擦脸，就睡意全无了。我试了一下，果然有效。虽然你还经常光顾我，但是次数少了。希望你以后再也不要光临我家了，祝你在你们的世界里过得愉快！

你经常光顾的主人

2017年3月11日

家乡的古驿道

黄　乔

家乡有一条风景与历史并重的古驿道，那些沧桑的石板无声地诉说着过去的辉煌。

其实，在我的记忆里，家乡只是一个名不见经传的小山村。与其他小山村一样，这里有清澈的小溪，有入云的山峰，有茂密树林，有黑瓦白墙，有朴实的人们……一个偶然的机会，我从爸爸口中得知，家乡还有一条古驿道，有几百年的历史。从此，家乡的古驿道成了我的一块"心病"，令我心驰神往。

就是这次，下午放学后，我和爸爸从学校出发，赶到了离学校不远的大山脚下。爸爸指向前方说："看，古驿道就在这座大山密林中。"我顺着他手指的方向放眼望去，只见满山浓郁的绿，心里不禁有些凉意。

这天，天气不太好，一路上细雨蒙蒙，茫茫雨雾弥漫于山间。我们踏入这条石径，它平滑，又长着些青苔，经过雨水的冲刷变得格外透亮。我敢肯定，这样的石头原先一定是没有经过任何人工打磨直接砌上去的。此处到底有多少先人的足迹，我无从知晓。

山里静得出奇，我们继续前进。此时山间越发迷蒙，有点儿像水墨画。雨水打在石头上，溅起微微水花。不知为什么，我伸出了手，在一块块斑斑驳驳的石板上反复摩挲，心中仿佛感受到一股灵气——厚重，古朴。

我们爬到了山顶。这里有一个古老的凉亭，也叫驿亭。凉亭的面积不大，柱子是棕色的，青色瓦片已经变成黑色，墙面上斑斑驳驳。

我站在亭中，亭里静悄悄的，冷风扑面。凉亭前是两排竹子，不时还伴着几声鸟鸣，很清静，但也就是这份清静，让我无形之中感到一丝丝荒凉与苦涩。

行走在古驿道，是一场穿越古今的对话。

天色渐渐暗下来，我和爸爸赶紧下了山。我心中涌起一股惆怅：那条见证了历史辉煌的古驿道，随着交通的发达，如今却冷冷清清，鲜有人光顾，成了上一代人的回忆。

古驿道，仍然是我的一块"心病"。

我家的"小太后"

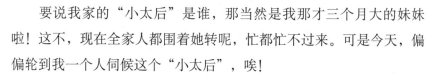

朱甜甜

要说我家的"小太后"是谁，那当然是我那才三个月大的妹妹啦！这不，现在全家人都围着她转呢，忙都忙不过来。可是今天，偏偏轮到我一个人伺候这个"小太后"，唉！

"再见！"随着一声"砰"的关门声，爸爸上夜自修去了，而妈妈把妹妹塞给我就去洗澡了，只剩下我一个人抱着这个半睡半醒的"小太后"。

妹妹眨巴眨巴眼，看清了抱着她的并不是亲爱的妈妈后，原来可爱的脸立刻皱了起来。"嗯嗯……"我生怕妹妹使用必杀技"大闹天宫"，连忙好声好气地哄道："哦，萱萱乖，睡觉觉了。"边哄边用手轻轻拍，还来回走动，让"小太后"睡得安稳些。

"哇……"伴随着石破天惊的哭声，妹妹终于还是使出了必杀技"大闹天宫"，响亮的哭声把玻璃都震得发颤，我头皮发麻，晓得劝是不管用的，只好拼命转移这个小坏蛋的注意力："萱萱，我们来做运动好不好？一二三四五六七八，二二三四……"然而妹妹丝毫不体谅我的一片苦心，哭得声嘶力竭，声音震天响，几乎把屋顶都要掀翻了。这招不管用。

我收起讨好的表情，换成了一副凶神恶煞的样子，凶巴巴地威胁道："你再哭一声，姐姐就打你的屁股，狠狠地打！"妹妹不买我的账，又哭又蹬。"有了！"我顺手抓过奶瓶，也不管妹妹愿不愿意，一把塞进妹妹嘴里："吃，使劲儿吃！"妹妹憋得脸红脖子粗，"叭"地吐了出来，我执着地又塞了进去。小坏蛋，想不想吃由不得你，你姐说了算！不知是太热还是太凉，妹妹吃了一口，脸上浮现出欲哭无泪的表情，后来索性怎么也不吃了。我拿出奶瓶，谁知妹妹"咕嘟咕嘟"全吐了出来，紧接着又亮开了嗓门，"哇哇哇……"活像被人虐待了似的。

当妹妹回到妈妈怀抱时，号啕大哭变成了低声呜咽，抽抽搭搭地诉说我的种种罪行。唉，多难伺候的"小太后"啊！

这就是我家的"小太后"，一个备受宠爱的"小坏蛋"。我相信，妹妹长得越来越大，我和她之间发生的故事也会越来越多。

034

会咬人的冰棍儿

成馥彤

"东西街，南北走，出门看见人咬狗，拿起狗来打砖头，又怕砖头咬了手。"这事儿说得也太荒唐了吧？可我就偏偏遇到了这么荒唐的事。

炎热的下午，我从外面买回一袋冰棍儿。回到家，我满头大汗，为了解暑，接连吃了四五根，还是觉得很热。于是，我就顺手又拿起一根冰棍儿。当我把这根冰棍儿送到嘴里时，意外发生了：那根冰棍儿像着了魔似的紧紧地粘在我的嘴唇上。我忍着疼痛，使劲儿地扯，左右晃动，可它像没事一样纹丝不动，好像我招它惹它了，恶狠狠地向我报仇。冰棍儿用它的钢钳"小嘴"紧紧地咬住我的上嘴唇，就是不松开。"啊哟，啊哟，啊哟！呵呵……疼死我了。"我拼命地叫着。就在这危急时刻，我想到了找妈妈帮忙。我忍着痛走到妈妈面前说："妈妈，冰棍儿咬住我的嘴唇了，你帮我想想办法呀！"

没想到妈妈看见我愁眉苦脸的样子，反而幸灾乐祸地说："活该，谁叫你整天吃冰棍儿的。冰棍儿也生气了，给你一个警告，看你还敢不敢吃那么多冰棍儿。"听了妈妈的话，我羞愧万分，开始低声哭泣。可是，哭有什么用，我心想："也许用舌头舔一舔，融化得能快一些。"我用舌头舔着粘在嘴唇上的冰棍儿，在我自己辛苦的努力下，冰棍儿终于不再咬我了。我如释重负地把它拿下来，忽然感觉嘴里有股血腥味儿，低头一看，冰棍儿上有血迹，我用手一摸嘴唇，"啊！嘴唇出血了！"

真是大白天见鬼啦，冰棍儿把人"咬"出血了。

牙菌的一生

刁旭阳

Hello，知道我是谁吗？哈哈，告诉你吧，我是一个奇特的、很坏的小东西——牙菌，你看不见我，是因为我的体积实在是太小了，用肉眼是根本看不到我的，这也就让我们有机可乘。我在我们牙菌群中主要负责寻找我们的粮食——小主人牙齿中残留的蔬菜、肉丝、饭粒以及牙神经。

在我还没出生的时候，我的家就早已经建成了，它是被一个"好心"的牙医钻出来的，是一个"空山洞"。我把补牙的材料一点儿一点儿地搬走，在里面舒舒服服地居住着。墙壁是黑颜色的，牙神经已经被我给吃了。到了晚上，我就睡在牙床上，非常柔软。我每天在小主人吃饭时才开始辛勤工作。我把小主人吃的卡在牙缝里的食物搬至磨牙的缝里，每当粮食囤积到一定量的时候，我们就太快活了！我们没事儿就开开派对，搞搞聚会，整夜整夜地开狂欢会。

有一次，我在主人的口腔里溜达时，突然在一颗牙齿中间的洞中发现了一块绝对上等的牙神经肉！这下可不得了了，找到了这么上等的美餐，我真是太高兴、太兴奋了，我马上把整个族群的男女老少、大小官员以及家人召集到了一起，大家七嘴八舌地商量着该怎么吃，有的觉得烤着吃好，有的觉得蒸着吃好，还有的觉得应该烧着吃。那一天，我们大家有的唱卡拉OK，有的聚餐，有的喝小主人刚喝完的可乐、雪碧留在嘴里的二氧化碳气泡，有的盗取牙釉质，闹得小主人彻夜不眠，眼睛周围又多了一圈大大的黑眼圈，像个大熊猫似的。小主人直到一周后还牙疼。呵呵！千万不要小瞧我们哦，虽然我们很小，但是我们牙菌就是在口腔里搞搞破坏，盗取食物，窃取牙釉质的，只要我们一工作起来，能把你们疼得要死呢。

但好景不长，一周后，突然，一个电钻飞了过来，那速度快得很呢，正好砸到我那堆满食物的家，把我的家一下子就给摧毁了，房屋的碎片依然可见。当时我正躺在牙床上舒舒服服地睡觉，那一下，可把我给吓坏了，整个人跟丢了魂似的，迷迷糊糊的。还没等我完全清醒过来，又一个电钻"嗖"地飞了过来，把我的亲朋好友的生命给一一夺走了，我也不例外，被弹到了口腔的门口。我的生命要快被电钻给夺走了，我拼尽全力地挣扎着，扑腾着，呼救着，可终究没能逃脱出死神那可怕的魔掌。

不过，小朋友们，如果你们不注意保护牙齿，我们牙菌家族还是会回来的哟！

爷爷的纸船

罗　丹

折纸船曾经是许多孩子热衷的游戏，可是现在，这个游戏似乎有些过时了。不过，我却常常想起在老家折纸船的时光，以及和爷爷相处的日子。

那时我还是个懵懂的小女孩儿，和爷爷住在一起。爷爷六十多岁，身体还好，很有精神，我常常跟爷爷拿着一沓白纸来到村外的池塘边。不一会儿，一张张白纸便会变成一只只精致小巧的纸船。我会摘几片野花，放入小船，使小船不再是单一白色的面孔，变得漂亮而有生气。爷爷见了，也笑了。

小船折好了，我和爷爷将纸船一起放入池中，让它随风飘远。我觉得这是一只只装载着春天的小船。

但不是每只小船都可以一帆风顺，就像人生的道路，总是曲曲折折。有的小船会被池塘里的鱼儿撞倒，歪歪地浮在水面。要不然就是被风吹得摇摇摆摆地靠近岸边，却粘在了岸边的石头和水草上。这些好像都不影响爷爷的兴趣，他还是照旧折着小船。

我的好奇心也被勾起，总是跟在爷爷后面嚷着要学叠纸船。爷爷细心地一步一步教我，可我总没有爷爷折得那么精致，那么漂亮。爷爷折的纸船有棱有角，精神极了，我想爷爷是带着感情在折吧。

现在我来到城里念书，好久不跟爷爷在一起了，也很少折纸船了。偶尔，我也会心血来潮，折一折，但是手好像不听使唤，折出来的纸船和爷爷叠的纸船相比，还是差很远。

但纸船带着我的思念，从梦中的湖里飘到了爷爷的手心。

种 花 生

舒俊民

楼下地里的白菜长大了！可拔了白菜，地就荒了，真可惜！该种什么呢？看到别家菜园里生长的郁郁葱葱的花生苗时，我央求妈妈："我们也种花生吧！花生的用处可多了，不仅蛋白质高，而且纤维素也多，还可以生吃、榨油……"妈妈立刻表示同意。

我和妈妈分工合作——我拔地里的野草，妈妈翻地。不足四平方米的菜园一会儿就被我们收拾停当。开始播种了，妈妈用铁锹在地上挖一个浅坑，我丢进六个花生粒。妈妈再用土把花生粒盖上，铺平。就这样，种了五行，每行七窝，一共种了三十五窝。

从此，我和妈妈每天都去给花生浇水。终于有一天早上，我惊喜地发现，地里出现了许多条裂缝，仔细一看，我一下子欢喜得不得了——花生的幼苗破土而出了！幼小的嫩苗创造了生命的奇迹，它们顽强、勇敢地顶破头顶上的土层，见到了阳光雨露，开始苗壮成长。

渐渐地，花生苗的叶子展开了，是对生的，就像一个个绿色的西瓜子形状，绿绿的，圆圆的，挺有趣！

经历了几天雨水充沛的天气，花生苗疯一般地往高长。我和妈妈都很高兴。我们把家里的淘菜水和洗碗水都提下楼浇地，地变得越来越肥沃。除草时，每拔起一株野草，我就对它说："去，到一边晒太阳去！"松土时，蚯蚓和蚂蚁也在地里转来转去，仿佛是在帮我的忙。我劳动着，快乐着！花生苗真给力，虽然我们晚种很长时间，但是我家的花生苗比别家的还要高，还要绿，而且在同一时间开出了一朵朵小黄花。我似乎已经看到，花生的花朵落了，就钻到地里变成了花生。

又过了几天，贪吃的我迫不及待地挖出花生来吃，但大多都是很嫩很嫩的小颗粒。妈妈看了又是恼，又是笑！

我帮奶奶梳头发

许寒梅

乡下的老家，静谧、祥和。淘气的小妹妹在奶奶的怀抱里安然熟睡，奶奶随意拨弄着被妹妹扯乱的头发。望着这一幕，我心中萌生了帮奶奶梳头的念头。

"奶奶，您的头发好乱，让我帮您梳梳头发吧！"我轻轻走到奶奶跟前，拉着她的衣袖，央求着。

"哟，今天太阳打西边出来了，我家寒梅怎么变得这么懂事了？"奶奶的眉头舒展开来，"还是奶奶自己来，你到外面跟小伙伴玩去吧！"

"奶奶，您就让我好好表现一回，孝顺一下呗！"我双手轻轻捏按着奶奶的背部，娇嗔着。拗不过我的软磨硬泡，奶奶只好答应了。

我右手拿着梳子，左手慢慢地解开橡皮筋，奶奶的满头银发映入眼帘。望着眼前这一片沧桑的灰白，我的心里涌起一阵心酸：奶奶出身清苦，从小就承受起生活的艰辛，洗衣、做饭、挑水、砍柴……哪样也少不了，辛辛苦苦养育了三个孩子。现在老了，本该坐享天伦之乐，但孩子们在外奔波，又要承担起照顾孙子孙女的责任。时光荏苒，岁月蹉跎，条条皱纹无情地爬上了奶奶的脸颊，满头青丝也变成了白发……

望着奶奶的白发，我的心里酸酸的！不知不觉间，眼眶竟有些湿润了。我情不自禁地问："奶奶，以后我们不让您操心，您的头发是不是就能变黑了？""傻孩子，奶奶老了，头发永远也不会变黑了。"奶奶轻轻抚摸着我的头，慈爱地说。

听了奶奶的话，我的心里更酸了，不知该说什么才好。我只是默默地继续给奶奶梳头。

渴望释放

任心仪

天空阴沉沉的，偶尔飘过几片雪花，金咪的心情也是阴沉沉的，虽然被子里很暖和，可是金咪还是很不舒服，因为脖子上的那根绳子让它极其郁闷！这是它第一次被拴起来，往常的这个时候，它不是卧在暖气片上洗脸、打盹儿，就是拖着它的毛线球满地打滚。

唉！今天是不行了。金咪无望地抬头看了看，姐姐已经趴在书桌前奋笔疾书了。

金咪原来是一只流浪猫，在它还没满月的时候，猫妈妈就把它抛弃了，是姐姐把它捡回来的，它来到这个家已经快半年了。金咪这个名字也是姐姐给起的。姐姐名叫开心，是一个小学六年级的学生。不过，现在她可一点儿也不开心，金咪一直搞不明白为什么姐姐和妈妈的变化那么大。妈妈每天都叨叨什么"小升初"，姐姐每天愁眉苦脸，一点儿也不开心。金咪记得刚到这个家的时候是夏天，姐姐每天都开开心心的，还会每天带它下楼玩游戏。妈妈几乎每天都给它洗澡，还会细心地把毛吹干。可是自从姐姐上了六年级，姐姐好像就没有开心过。妈妈好像也很烦，有时还会莫名其妙地踢金咪一脚。

姐姐一大早就起床了，虽然是星期天，可她一点儿也不轻松。爸爸在单位加班已经几天没回来了，妈妈单位临时有事，也被叫走了。临走时还布置了一大堆作业让姐姐做，说是中午回来检查，还说为了不影响学习，拿了根绳子把金咪拴了起来。其实学校的作业姐姐早就做完了，本来打算趁着星期天把《围城》看完，可是计划泡汤了。面对妈妈布置的作业，姐姐一点儿也不敢怠慢，一上午都在"埋头苦干"，只是偶尔趁喝水或上厕所的时候摸摸金咪的头。金咪无精打采地在窝里卧着，不时地抬头看看外面，天更阴了，雪也越下越大了。

快中午的时候，妈妈回来了，她抖了抖身上的雪花，第一件事就是检查姐姐开心的作业。猛然，几声训斥传到金咪耳中："这么简单还做错！""你就不能多用用心！""这要是考试不就又丢分了！"

金咪不知道姐姐这个中午是怎么过的，反正金咪只知道自己中午根本没有心情吃东西，唉！一上午不动，哪还有胃口。

妈妈给姐姐布置的作业真是铺天盖地，这不，姐姐没睡几分钟就被拖起来抄英语单词了。姐姐实在太累了，想放松一下，偷偷看了看妈妈，妈妈坐在沙发上打毛衣没有注意她，姐姐迅速地摸摸金咪的头，看妈妈没反应，直接把金咪抱起来了，金咪以为能和姐姐玩了，很欢快地叫了一声。这下可完蛋了，妈妈从沙发上跳起来，把姐姐骂了一顿，还威胁姐姐说以后学习再分心就把金咪扔出去。金咪很委屈地爬回窝里，可是怎么也找不到一个舒服的姿势，脖子上的那根绳子让它怎么也舒服不了。金咪的心情真是差到了极点。

晚上，妈妈送姐姐去上课外班，临出门时，顺手把金咪的绳子解开了，说："拴了你一天了，放松一下吧。"姐姐一脸羡慕地说："我要是猫就好了！"姐姐和妈妈出门了，家里只剩下金咪，终于被放开了，脖子上没有了那根可恶的绳子，金咪舒服多了，觉得连呼吸都那么顺畅。金咪欢快地在家里跑了个遍，可是姐姐不在家，她要很晚才能回来，一想到这些，金咪又不怎么有精神了。算了，还是睡觉吧，想着姐姐说的话，金咪想姐姐真是一只猫就好了。想着想着就睡着了，在梦里金咪看到姐姐真的变成了一只猫，非常开心地和它在草地上奔跑、玩耍……

听到分数的那一刻

曹照尔

没想到我竟然能考出这样的成绩，真是太出乎意料了，要不是我亲耳听见，还真不大相信呢！

我们坐在教室里，静静地听老师报着我们大考的分数，教室里静得出奇。"曹照尔，语文96.5，数学99，英语100……"

当我听到分数的那一刻——好高兴！我居然考到了九十五分以上，在班级里，这已经算是个不错的成绩了。不过，先前还真是担心，以为会考出了一个难看的分数，但老天没让我失望，竟然是一个这么好的分数，真是太高兴了，可以过一个安稳年了，想到这儿，我深深地松了一口气，原本紧绷的神经也松弛了下来。

当我听到分数的那一刻——好担心，老师说过，这还不是毕业考，只是普通的大考，真正的毕业考比这要难得多，老师也会批改得更严。可这次的考试我都觉得好难，许多题目都是我想了好久，才从脑子里搜索出来的。只剩下最后的二十分钟，其他同学都已经检查完考卷两遍了，我却还没写完作文。铃声响起，勉强写完了试卷，但还没检查一遍，这次大概是运气好，才考出这样的分数。但毕业考，先别说考得出来还是考不出来，就说时间够不够还是个疑问，我该怎么办呢？

当我听到分数的那一刻——好害怕，这是这学期最后一次考试，说明毕业考已经日渐临近。可是五年半过去了，我粗心的毛病还是缠绕在我身。粗心没改掉先不说，居然又患上了"慢性子"的病症。这次考试就因为这两只"大害虫"，使我在满分面前低下了头。我好害怕，若是我的老毛病再犯怎么办？

当我听到分数的那一刻——好兴奋。这次考试结束，六年的时间感觉一晃就要过去了，虽然要和好朋友分别了，但是一想到还会有更多的新朋友等着我，心情就逐渐晴朗起来。

当听到分数的那一刻，我想到了许多许多……

那一天我发现了……

高乐炜

黑板上贴了画着黑猩猩与美女的两张画，顿时，我的嘴张成了一个"O"，脑海里闪现出一个问号，老师的葫芦里装的什么药？

"仔细看看，美女（代表人类）与黑猩猩的脸部有什么不同？"老师这一问立即引起了我们的兴趣。

要知道猩猩是我们人类最亲的亲戚，据科学家研究，猩猩的基因与人类相似，但是它的脸部跟人类相比却有很大不同。黑猩猩的额头是凹进去的，而嘴巴却是凸出来的，与美女相比，好像把额头的一块削掉贴到了下巴上。"黑猩猩的嘴巴为什么这么大，牙齿为什么如此锋利？"大家议论纷纷：黑猩猩是在野外森林里生活的，经常吃野果、树枝等硬食物。那些硬的食物将黑猩猩的牙磨锋利了，嘴巴也大了……

老师又说嘴巴大了，脑子就小了。这是怎么回事？原来猩猩一天中有大半天在吃东西，血液都流到了嘴巴和胃里，所以黑猩猩的脑子发育不好。哇，真的，我突然想起我家邻居有个很爱吃东西的人，他的脑子还的确不怎么聪明呢！

接着黑板上又出现了两张画，分别是大猩猩和黑猩猩的。大猩猩紧闭着嘴巴，神情严肃，像一位严厉的老师。而黑猩猩笑意盈盈，两眼发光，调皮地吐出大舌头，就像马戏团开心的小丑，逗得我们也不禁笑出声来。

老师又抛出一个个问号："为什么大猩猩如此严肃，而黑猩猩如此开心？"这下课堂沸腾起来了，大家七嘴八舌，有说大猩猩今天挨了老师批挨了爸妈骂，有说女朋友要离开它了……而黑猩猩当然是碰到了开心事。

老师这一次没有直接告诉我们，只是说，你们自己寻找一下答案吧！

晚上，我带着一个个问号去查找答案：原来大猩猩家庭关系牢固，很少外出，跟其他猩猩或动物交流不多，所以表情严肃。而黑猩猩是"社会活动家"，经常去别的动物家串门，所以表情丰富，像一个滑稽的小丑。我又突发奇想，如果人一天到晚只坐在电脑前，就有可能变成大猩猩脸了。

其实，脸部的奥秘还有很多，就等着你来探索和发现！

父亲的手

罗家鑫

很久以前我就想写写父亲，但拿起笔来却无从下手。"父亲"这两个字对于我来说太沉重了，无法用语言来轻易表达，因为我把父亲给我的爱深深地珍藏在心中。

每次读到朱自清的《背影》时，就会想到我那亲爱的父亲。他对于我的一生，至少对于我现在的处境，都有着重大的影响。父亲不是大款，他没有足够的钱财可以使他的儿子一生无忧；父亲也不是知识分子，他没有丰富的知识来教育他的儿子，但他的每一句深沉的言语，每一个复杂的眼神，都曾让我欢喜，让我悲伤。然而，父亲的那双饱经风霜的手，成了我这辈子永不忘的"丰碑"。

那是一双勤劳的手，粗糙得像一截松树木头，手心布满了一条条深深的"沟"，那"沟"中还嵌着黄泥土，那是父亲长期在土地上劳作留下的烙印；那几个硬硬的茧花，是父亲长年做木匠时创造的杰作；那几片开口的指甲，是父亲杀猪卖肉时留下的痕迹；还有那左手缺了一节的中指，是父亲在开船时大海给他的临别纪念品……总之，那上面的每一个印记，都记载着父亲勤劳的生活轨迹。正因为有了父亲的这双手，才使我拥有了全村最好的"别墅"，而且还圆了我许多同龄人所难圆的梦。

这双手不仅创造了财富与奇迹，还教会了我做人的许多道理。记得在小学三年级时，我和小伙伴吵架，拗不过心中的气，竟在他的饭里下了泻药，后来，不知怎么被发现了，回家后，是那双手毫不留情地扇了我一个耳光。事过之后，父亲还是耐心地教育我，并向我道歉，说是由于太生气才动手的。这是这双手严厉的一面，但更多的却是慈爱和温暖。还记得去年的一次期末统考，我把数学考砸了，整个人的精神快要崩溃了，回家后，一个人默默地躲在房间里。不知什么时候，还是那双手轻柔地抚摸着我的头，父亲用亲切的语言说："不必为此伤心，世上哪有轻而易举的成功？"虽然，父亲的脸上显得那么平静，但我感受到了他那急切又关切的心。平日里，父亲不知给了我多少慈母般的温暖，风里来，雨里去。我望着他那凹陷的眼睛，黝黑的皮肤，疲惫的身躯，泪水终于止不住地流下来，这时，又是那双炽热的手悄悄地帮我揩去了眼泪。

虽然，我拿过无数次的各级各类的奖章，但我不知道自己在学习和生活中的表现是否对得起我的父亲。如今，父亲已离我远去了，他的脸庞也逐渐模糊了，但我时刻能感受到父亲的那双充满激励、爱意的手在触摸着我的灵魂，陪伴着我成长。

感谢苍天能赏赐这样的一双手给我，我爱它！

"逃跑事件"

陈王希

每个人身上都会有一些坏习惯，但有些人会努力改正自己的坏习惯，让自己更优秀。而我呢？一直以来总是对身上的一些坏习惯不以为然，我行我素。可因为前几天的一次"逃跑事件"，我彻底改变了先前的态度。

"收作业了！"在语文课代表的再三催促下，我漫不经心地打开了作业本，当我翻开《语文大册》时，顿时傻了眼，我竟然忘记了做。我以迅雷不及掩耳之势环顾了一下四周，见没人发现我的这一举动，便把《语文大册》又偷偷塞回了书包，神不知鬼不觉地"逃"回了自己的座位。

为了不让大家看出我的破绽，我尽量让自己像往常一样，课上积极举手发言，课间与大家一起游戏玩耍。但真到坐下来写作业时，我却开始心神不定了，没心情思考问题了。第五节课时，我差点儿露出马脚，好在我"诡计多端"，骗鲍小明说我全对，不需要订正，鲍小明居然丝毫没有怀疑我，使我轻而易举地躲过了这一关。可哪里知道，同桌唐晓丽因为没看到我订正作业，认为我在偷懒，所以就上报瞿老师了。当时我并不知情，以为自己的"骗功"天衣无缝，所以晚上放学时间一到就"开溜"了。没想到瞿老师早有准备，当来到教室发现没我人影时，立即派出我班的"飞毛腿跟踪导弹"毛一宁飞奔到我跟前，连骗带拽地想让我回教室，他也没想到我会使出"疯牛功"，结果让我顺利逃脱了。但我自己心里明白，明天早上等待我的肯定是一场"狂风暴雨"。

果然，早上我背着书包低着脑袋刚想冲进教室蒙混过关时，被等候多时的瞿老师拦在了教室门外，紧接着就是一顿严厉训斥，当时的我被训得泪流满面，并一再保证下不为例。瞿老师见我态度诚恳，就让我回到了座位。因为这件事，我还得到了老师对我的特别称呼——"陈跑跑"。一整天我都开心不起来，坐在座位上也自我反省了一下，我深刻认识到这件事确实是我不对，不做作业本来就不对，还骗老师、骗同学，放学还逃跑，伤了大家的心。

"逃跑事件"真的把我害惨了，因为我的不诚实，老师同学都不再信任我了，每次收作业都会特别留意我有没有交，这让我的自尊心严重受伤。可这又能怪谁呢？我决定用我的实际行动去改变我在老师和同学们心目中的形象。

奶奶家的向日葵

林万东

奶奶家的园子本来是一片空地，可是奶奶觉得可惜，就开垦了出来，并且在那里种上了向日葵。对于奶奶在那里种向日葵，我是不抱有任何幻想的，因为那里实在太脏太乱了，要是向日葵能在那里生长，简直就是个奇迹。

然而，这个奇迹却真实地发生了，而且就在我的眼前。几场春雨过后，那些向日葵竟然像雨后的春笋一样长了起来。它们个个昂首挺胸，生怕被谁落下似的。微风一吹，它们就开始摆动，仿佛在用这种列队的仪式在欢迎你的到来。它们静静地生长着，可是我却能够听到它们生长的声音。你听，那沙沙的响声不就是它们茁壮成长的最好见证吗？每天放学后，我都会跑到园子里待上一会儿，它们仿佛很懂我的心，每次见到我都情不自禁地摇摆着身体。看来它们已经把我当作好朋友了，我心里真高兴。

没过多久，这些向日葵就开花了。它们圆圆的脑袋总是向着太阳的方向，无论太阳在哪个方向，它们都会把脸冲向太阳，这是一种怎样的执着与向往啊！向日葵的花瓣漂亮极了，周围是长长的黄色叶片，中间是密密麻麻的种子，种子周围长着小花，每次看到它，都会给我无限的希望。

无论风吹雨打，向日葵总是昂着那高傲的头。为了实现自己的价值，它们从来不改变自己的目标。它们的这种精神难道不值得我们学习吗？在我们的学习生活中，也会遇到一些困难，如果我们都能够像向日葵这样，那么我们离成功的距离恐怕也就不再遥远了！

我爱奶奶家的向日葵，这些好朋友让我懂得了很多人生道理，传递给我不断向上的力量！

蔬菜先生大舌战

蔡庆鑫

俗话说得好：尺有所短，寸有所长。每一个人都有自己的长处，也有短处，要学会多看别人的好处。

你瞧，三位蔬菜先生在议论谁更有用呢！

葱先生说："你看我，我的茎是由白转绿的，外面还有一层白色的薄膜。我的叶子是深绿色的，叶子中间是空的。我的根是白色且细而密的，还有一种很刺鼻的辣味。我还对人类有益呢，因为我可以防感冒。"

"我更好更有用呢，我可以防癌。我的茎由淡绿到深绿，还很粗，头呈圆形的，我的叶子是深绿色的，叶子长而扁宽。我的根是白色的，而且很粗、很短，还带有刺激性的辣味，还很浓呢！"大蒜先生骄傲地说道。

芹菜先生生气地说道："欸！欸！欸！怎么没人理我了呢？我

的作用比你们更好、更大，你们给我听着。我的茎是淡绿色的，上面还带有条纹，中心是空的。我的叶子黄里透绿，还带点儿深绿，叶子的形状比你们都要特别，它是锯齿形的。我的根是乳白的，是牛奶的那种白色哦！乳白的根又细又短，就像一根根染成乳色的头发，还散发淡淡的清香呢！怎么样，特别吧？我哪像你们这样，刺鼻和刺激性的辣味，真的会熏死人的。哦！还有啊，我还能给人类补血、降血压呢！"

就这样，葱先生、大蒜先生和芹菜先生一直争论着。

就在这时，从它们旁边走过一位年迈的萝卜长老，还拄着拐杖。它看见三种菜在争论着什么，就走过去。葱先生、大蒜先生和芹菜先生见了萝卜长老，都彬彬有礼地向它问好，萝卜长老问芹菜先生怎么回事，芹菜先生乖乖地说了事情的来龙去脉……

萝卜长老听了之后笑了笑，说："你们啊！什么都不懂。人类有一句话叫尺有所短、寸有所长。"接着，向它们讲述了其中的道理。

它们听了，惭愧地低下了头，异口同声地说："长老，我们知道该怎么做了。"

从此以后，它们和睦相处，成了十分要好的朋友。

七月八月看"巧云"

王 晨

今天早晨，在上学的路上，我仰望天空，不禁瞪大了眼睛，咦！

这边是湛蓝的天空，云彩都逃到哪儿去了？那边的白云怎么这么密？是不是都到那里聚会了呀？

我只听说过蝴蝶谷的"蝴蝶集会"、龙池的"蛙会"等，可从没听说过云朵集会呀！

看！天空东南面，这里的白云虽然占据了大半个天空，但是稀疏有致，造型各异！那不是奶奶家院门前的矮墙吗？一块块不规则的石头堆砌而成，我似乎走进了奶奶家的小院。这不是一大片梯田吗？这是一地道道堰，这是还没融化完的雪，一片片一簇簇的。我好似又走进了一片棉花地，一朵朵棉花正在绽放，地头是一堆堆松软的棉絮。我又似乎走在了柔软的沙滩上，前面是蔚蓝色的大海，一朵朵白色浪花向我涌来；金色的阳光照射在海面上，泛出点点淡黄。这一切离我是那样近，触手可及，我好想采下一片白云，摸摸它有多么温暖，多么光滑，多么柔软。

再看西北天空，却是晴空万里，一片湛蓝，就像用蓝色油漆刷了一般，蓝得清澈，蓝得诱人，没有一点儿灰尘。我的双眼好像不听使唤似的使劲儿望去，我感觉天离我是那样遥远，我多想能有双会飞的翅膀，飞上蓝天，看看天空是多么深邃。看着蓝天，我只觉得心胸开阔，呼吸顺畅。于是，我对"秋高气爽"这个词有了更深的理解和感触。

这两种截然不同的景色的中间，是一片若隐若现好似鱼鳞好似绸缎又好似棉花糖的淡淡的云。老人们常说："七月八月看巧云。"金秋时节，天高云淡，云彩变化多端，美景真是令人目不暇接。

大自然挥动着神奇的画笔，一会儿把天空涂成湛蓝，一会儿又涂出各种造型的云朵，把天空装点得生机勃勃，变幻无穷，趣味盎然，美不胜收。

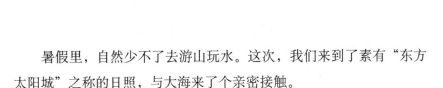

"旱鸭子"踏海记

左柯昕

暑假里，自然少不了去游山玩水。这次，我们来到了素有"东方太阳城"之称的日照，与大海来了个亲密接触。

沐浴着清爽的海风，呼吸着纯净的空气，漫步在松软的沙滩上，真是心旷神怡。可我是一只彻头彻尾的"旱鸭子"，连游泳池都没下过，又不想只待在浅水区里，便仗着身上套着个游泳圈，不断地向更深处前进。

海水渐渐漫过了我的腿、腰、胸，水流还算平缓，向远处望去，只见那里有较大的海浪朝我这边涌过来。我刚开始还不太在意，可是它们逐渐高出水面，越来越汹涌，直逼过来，我才紧张起来。海浪愈发靠近，也愈发猛烈，像一堵墙横在不远处。突然海浪顶部冒出了白花花的浪花，一波接着一波的海浪不断变大、变高，竟然融合在了一起。我呆呆地望着这席卷而来的"巨无霸"，以排山倒海之势涌到我跟前，竟然忘记了躲一躲。老妈可急了，冲我大喊："快闪！"旁边的叔叔也来保护我，这时我才如梦初醒，大叫一声："妈呀！"撒腿就跑，可海水阻力太大，海浪速度太快，我跑得太慢，还没跑出三步远，就被浪头狠狠击中了后背，脚一歪，踩到了贝壳。"嗷！"我猛地抬起了脚，结果一屁股跌坐在了海浪里，膝盖结结实实地撞到了海底，痛得我在游泳圈里翻了好几个身，只觉得无孔不入的海水钻进了我的鼻子、耳朵、眼睛、脚趾窝，甚至是毛孔里，"咸死我了！"我连打了好几个喷嚏，咳嗽着，吐掉了满嘴的海水。

还没等我缓过劲来，海浪又铺天盖地地奔腾而来。"此地不宜久留！速撤！"我振作精神，连滚带爬地站了起来，却又被海浪打入水底，几乎把我整个人都淹没了，幸亏有游泳圈，否则我一定会像一块石头一样沉入水底。

我浮了上来，可是蛙泳、仰泳、蝶泳、自由泳，统统没学过，怎么能到岸呢？

"小狗不发威，你当我是旱鸭子！"危急关头，我想起了"狗刨式"，便双手乱挥、狂舞，拼命刨着海底的沙子；双腿乱踢、乱蹬，不像狗狗，反而像一只鼹鼠，在无边无际地挖洞。我既没有顺利地游到岸边，也没有挖到岸边，只好眼睛紧闭、双腿蜷缩、抱紧游泳圈，使出"漂流瓶神功"，竟然也被海水冲到了岸边，吓死我了！

我这只"旱鸭子"逃过此劫，纯属幸运，下次去海边，运气就难说了，还是先掌握游泳的技巧吧！

给曹操的一封信

赵少晴

尊敬的曹丞相：

您好！

我是来自21世纪的一个乳臭未干的小学生。我对您十分敬佩，今日冒昧地给您写信，说一说我的心里话！

虽然您曾"挟天子以令诸侯"，留下骂名，但我对您的敬仰依旧！您谋略超群，求才若渴，宽宏大量的胸襟深深令我折服。您对人才非常珍惜，一旦有人投靠您，您便高兴忘怀。记得官渡大战时，有人投靠而来，您喜不自禁，赤脚相迎。您"青梅煮酒论英雄"的壮举更是让人钦佩不已！

但人总有缺点，这缺点却成了您未能实现统一中国这个愿望的重要原因。先从您的疑心说起吧，这在"草船借箭"的故事中便能体现出来。诸葛亮率兵趁江面雾大对您"突袭"时，您疑心东吴大军突然进犯攻击，来势汹汹，不敢妄自出兵，只敢远远放箭，却偏偏中了诸葛亮之计——白白借出了十万多支箭！如果您当时派出一支"敢死队"出去侦察，相信定会发现虚实，那诸葛亮之计便会落空，但因为您的疑心，让诸葛亮"得逞"了！在放箭时，又因为您的疑心，犯了个大错误！那便是忽视了对火箭的选择！如果您选择了火箭，就能将诸葛亮的船全部烧毁，而不是送箭给他们了。您可以想一想，如果您放火箭，起码可以烧他八九十艘大船。再说，用火箭攻，他们定然靠近不了，东吴大军在水上，而你们则在陆地上，地理上就占有优势！一旦烧了他们几艘大船，灭火也来不及！将士们看着自己的船沉下河去，军心必然大乱。此刻，您再乘机攻击，必然能大获全胜！您的一时心慌借箭给诸葛亮，定饱受军中将士的埋怨，独自尝着苦果吧？

更让我替您担忧的是，赤壁之战，您竟然麻痹糊涂，终酿悲剧。为了使将士具有水上作战的本领，您竟然听从手下建议"把船用铁链连接起来"，我这个未成年人都觉得可笑！试想：水上船只连为一体，行动自然不便，更难以疏散游动作战啊！后来火烧赤壁，您逃跑到华容道，幸亏遇见关羽，凭着您对他的往日恩德躲过一劫。那一次，让天下人看到了您是多么狼狈啊……

曹丞相，假如可以让历史重来，穿越时光隧道，为了助您能成就大业，我愿毛遂自荐，您能招聘我作为您身边的谋士吗？请三思。

对了，我很喜欢您的《短歌行》："青青子衿，悠悠我心。但为君故，沉吟至今。呦呦鹿鸣，食野之苹。我有嘉宾，鼓瑟吹笙。"

晚辈等候您的回信。

赵少晴

空中巨人

张译心

056

"瞧，那儿有一座桥！""嘿，多漂亮的广场啊！""对，对……"

站在世界第二高楼——军刀楼的顶层，我和几个同学正充满好奇地谈论着楼下的景色。

突然，一个"东西"飘飘悠悠地升到了我们左侧的窗口。那是什么？远远望去，那"东西"灰蒙蒙的。在好奇心的驱使下，我们向那扇窗户跑去。哦，我看见了，那很像一辆小车。我惊呼起来："咦？上面还有人呢！还不止一个。一、二、三、四，一共四个人！"

站在中间的那个人正忙着擦玻璃。他身穿蓝色制服，头顶一个脸盆大小的黄色金属安全帽，额头上密布着汗珠。

他皮肤黝黑，看起来像个非洲人。这几天天气又闷又热，阳光火辣辣的，不晒黑才怪呢！哈！他发现我们了，正在向我们招手呢！我们几个"狗仔"一同把耳朵靠在玻璃上，试图听到他的声音。可这儿的隔音效果太好了，即使你叫破喉咙也是白搭。

我抬起头来，"怦——"我的心抖了一下。天啊！映衬着他们的只有蓝天，刚才我只顾着听声音了，根本没注意到他们是在这样一个危险的环境下工作。我想：我们站在楼里都不太敢看下面，实在太高了，心里总是有些害怕，更何况他们呢？这些工人脚下就是大马路，上面就是蓝天，如果打一个盹儿说不准就会掉下去，这太危险了！

对面一个小婴儿嘴里呼出的热气浮在玻璃上，工人们以为是灰尘，便向那边移动过去。可到了眼前，气雾就消失了。他们可真是细心。

看着这几无尘埃的明净的大楼玻璃，再看着那几个忙碌的工人，是他们，使这世界第二高楼保持着干净、整洁，让我们的视线更宽广、更清澈，然而他们的工作环境又那么危险，我心里顿时涌起一阵敬意。

我们平时遇到这些工人的时候，感觉他们衣着平凡，甚至破旧，带着浓郁的民工特征，几个人围坐在一起吃着简单的饭菜，生活条件很艰苦。但是，他们不论刮风下雨、严寒酷暑都会走上自己的工作岗位，坚守着自己的职责，真是太了不起了！

我再看窗外的清洁工人，刹那间，他们的身影高大起来，就像一个个魁梧的空中巨人，镇定、勇敢。

小山游记

郭子明

学校附近有一座小小的山，在一节语文课上我有幸登上了它。

初来到山脚抬头望，我不禁有些失望。这山并不高，树木因此挤作一堆，显得很小气。有些姿色的倒是那淡淡的雾，整座山都浸在云雾中，平添了几分神秘。我忍不住产生了爬上去的欲望。

沿着蜿蜒泥泞的石阶向上走，几分钟后我嗅到了林中特有的潮湿、新鲜的空气。深吸一口，顿觉一种沁人心脾的清凉。

往上爬了七八百米，就到山顶。我注意到一种野草，它从山脚便开始长，把整座山都覆盖了。它伴着绵延的石阶往上长，最终爬上了山顶。山外，树给山披上了绿麾；山内，它给山盖上了绿毯。这精神倒颇似爬山虎呢！

春寒料峭，几株小树却已开了花，红绿相衬，美到了一种特殊的境界。一棵笔挺粗壮的榕树，几丛密密麻麻的三叶草，树叶上细细密密的茸毛托起的晨露，仿佛正吟着一曲欢快的生命之歌……让人怎能不陶醉呢？

不知名的虫拉起小提琴；几只小鸟拍着轻盈的翅膀，小巧玲珑的爪子在重重叠叠的枝丫上点一下，身体就弹了出去；渐浓的雾在花、木、人、石间穿梭着，那是笼罩森林的白纱；寒风卷来，墨绿色的树

叶在空中打着旋儿，以独特的速度——时而缓，时而急，向地心引力屈服了。

我站在山顶观景台的角落上，凝视着云雾缭绕中的一草一木，其间隐约可见的山间小道……渐渐地，我有点儿领略了"会当凌绝顶，一览众山小"的意境。

下山时，远处一缕轻烟袅袅升起，我的心中涌起一种说不清的情感——是对小山的留恋？的确，在你刚刚开始揭开她平凡的面纱时，在你刚刚开始读懂她隽永悠长的生命之美时，在你刚刚开始生出一种对她莫名的亲密感时，你却不得不与她暂别，谁会不感慨万千呢？

七月八月看『巧云』

我把春天带回家

　　找到了！找到了！春天藏在北山公园里。柳树梳着长长的辫子，还在辫子上扎了许多绿蝴蝶结呢！那长长的辫子点着湖水，湖面泛起了美丽的涟漪。

家有"总管"

翁俊杰

我家啊，以前乱七八糟的，没人管，都是我这个捣蛋鬼造成的。大人们束手无策，但又不能让我这么继续下去，只好开了个秘密会议，设置了"四大总管"来管我。

爸爸："教育总管"

说起最难对付的"总管"，那要属"教育总管"——爸爸了。众所周知，一般都是由妈妈唠叨，可现在，我妈竟"辞职"不干了，换爸爸上。我就像那受命的孙悟空，整天被唐僧折腾得不知东西南北了。

有一次，爸爸要出差几天，其他人也有事要做。我心想："哈哈！终于解放了，可以大玩一场喽！"

我正盘算着这个周末怎么过，是先看电视，还是先玩电脑……爸爸又千叮咛万嘱咐："看电视不要看太久，作业赶紧做完……"

我应了一声："嗯！你赶快走吧。"

说完，爸爸便走了。我以飞一般的速度打开电视，正寻找可以看的频道，突然，门"咔"一声打开了，我被"抓"了个正着。

"我一走你就看电视，小心眼睛坏了！"

我哑口无言。

"孩子，乖一点儿，周末可以玩耍，但是要等你作业做完再玩……"爸爸又开始念起了"紧箍咒"。

唉，这个"教育总管"可真厉害啊！

奶奶："生活总管"

奶奶可谓是"新官上任三把火"。第一把火就烧在了看电视上：全家每人最晚看电视不能超过晚上九点，特别是我。第二把火烧在了我的零用钱上，害得我每个月的零用钱都化成泡影了。前两把火我还可以忍住，第三把火却烧在我的"小宝箱"里。"小宝箱"里装满了我爱吃的美味。现在，"小宝箱"里的食物都"不翼而飞"了，只留下几颗糖。我曾向爸妈投诉过，强烈要求保护儿童的饮食权益，可是，他们竟不闻不问，漠不关心，反而讲了许多零食的副作用。唉——

063

爷爷："公共关系总管"

我的爷爷虽然年过六旬，但不糊涂，还当上了"公共关系总管"——这可是有实权的官哪！

有一次，我作业做完了，接受爷爷的检查。爷爷找到了七个错误，叫我改正。那时，我看电视正看得出神，一点儿也不愿挪动位子。爷爷就把这事告到了"教育总管"那儿。爸爸拿着"十八般兵器"痛打我。看来，也不能轻视"公共关系总管"啊。

妈妈："财务总管"

这位"财务总管"不知葫芦里卖的什么药，心里总打着个如意算盘。有一次，我和爸爸出去大吃一顿，花了一百多元，回来被老妈臭骂一顿，教训我们要节俭过日子。我的每一项开支都要事先向她申请，事后必须汇报。曾有一次，我做了"假账"（就超支1.7元）被她查出，她竟然在全体成员面前"通报批评"我，还说什么"警告处分"。你说，这位"财务总管"是缺乏人情味太抠啦，还是要当"守财奴"呢？

说来也奇怪，虽然总管们个个厉害，可我在家里健康成长，还获得了"四好少年"的称号。我寻思着：这和"四大总管"有关系吗？

唉，老爸！

曹　前

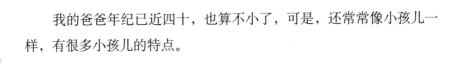

我的爸爸年纪已近四十，也算不小了，可是，还常常像小孩儿一样，有很多小孩儿的特点。

一、贪玩

这天，我正在客厅看书，突然，老爸从房间杀出："走，出去玩玩！"我不大乐意："我看得正入迷呢，要玩自己玩去。""劳逸结合，懂不懂？不然就是书呆子了。"没等我把书放好，老爸就把我拉了出去。到了公园，他神秘地掏出了一把弹弓，说："瞧瞧，这是我特意为你制作的新式武器。"然后又掏出一把不知是什么植物的果实，说："看看，像不像子弹？来，试试，把那片树叶射下来。"我兴致勃勃地接过"武器"便开始射击，还没射几发，老爸就说："你眼力不行，来瞧瞧我的。"我还来不及反对，他已一把抢过去眯着眼连射两发，接着，他边走边射边嘀咕："中了！射中了！""哎呀，差一点儿！""再来一次！"只顾自己玩，把我的牢骚不满全都抛在脑后，直到我威胁他："再不给我玩，我回家了。"他才不情不愿地交出弹弓。

二、贪吃

星期六，我在"解决"家庭作业，老妈在厨房，老爸一人踱到东，踱到西。我终于忍不住了："老爸，你走来走去的，是锻炼身体呐，晃得我眼睛都花了。"老爸一听，乐了："呵呵，终于有人和我说话了，家里没有零食了，走，出去采购一点儿。"说完，竟置我神圣的作业于不顾，直接把我拉上了他的车。到了超市，老爸就开始马不停蹄地进行搬运工作，半小时不到，我一看购物车，天哪，哪里是采购一点儿啊，根本就是一车子。不过，千万别担心吃不完。老爸肚子大，胃口也大，最大的优点是绝对不挑食，每回吃东西，先要叮嘱我和妈："好吃就多吃点儿，不好吃，给我，别扔！"用他的至理名言来说就是：节约不强求，浪费却可耻。结果，家里好吃的基本都进了我和妈妈的肚子，我们不想吃的都进了他那个大肚"收容站"。

三、马虎

听到我被评为"星港之星"，爷爷特意买了一架玩具直升机作为奖励。看见一个这么好的玩具，老爸怎么会放过？这不，星期天一到，老爸就拉着我到小公园玩直升机（美其名曰为了我的身心健康，学习休闲两不误）。控制遥控器时，他用力过头了，不小心把飞机撞上了树，旋翼掉了下来。我说："这下可好了，三百多元的飞机，十几分钟就泡汤了。"老爸看了一下，拍着胸脯说："放心，你老爸我有本事弄坏，就有本事修好，等着……"他倒真是说到做到，立刻回家找来工具，叮叮当当地修了起来，也许是修得太快了，旋翼装反了都没有发现，我急忙提醒他，他却不以为然。结果呢，飞机装好后，一点儿都不听号令，东突西撞，又撞上了树，来了个粉身碎骨。这下，他心悦诚服了，一脸诚恳地检讨道："唉，不听儿子言，吃亏在眼前。"

唉，这就是我的老爸，让我啼笑皆非的老爸。可是，你知道吗？他很爱很爱我和妈妈。而且，我和妈妈也很爱很爱他。

姥姥的手

方礼蕊

从我懂事起，我就知道姥姥的手很粗糙，当姥姥用粗糙的手抚摸我的小脸时，我总是不自觉地躲闪着，姥姥虽然嘴上没说什么，但我能感觉到她心里很难受。

有一次，我到姥姥家玩，看见姥姥正准备到地里干活，我好奇心一起，就高兴地对姥姥说："姥姥，我和你一起去吧，正好有个伴。"姥姥爽快地答应了。我们拿着锄头、菜籽、洒水桶，全副武装地出发了。来到地里，姥姥先用锄头把地掏着沟，然后在地上挖一个小坑，熟练地把种子撒进去，再用锄头弄点儿土把种子盖起来，让它发芽。我在旁边呆呆地望着，心里很惊讶。"你也来试试吧！"姥姥和蔼地对我说。我很好奇，拿着锄头照着姥姥的样子做着，可"看时容易做时难"，我一会儿掏沟却忘记撒种，一会儿撒种却忘记盖土，搞得手忙脚乱。再看看姥姥，一双粗糙的大手有条不紊地干着。我知道，在姥姥的精心照料下，庄稼会一天天茁壮成长。现在，我对姥姥粗糙的双手不禁有些敬佩起来！

姥姥的双手不仅能种出好庄稼，而且还能绣出漂亮的绣画。

姥姥家里挂着许多绣画，漂亮极了。姥姥心灵手巧，绣画非常快。一次，我故意刁难姥姥，让她只用一种线绣出一幅画。姥姥立刻动起手来，两手不停地上下，指挥着针。没过几天，一幅画就完成了：一棵郁郁葱葱的大树，上面有许多小鸟，有的好像在枝头唱歌，有的仿佛在呼唤同伴，好一幅温馨和谐的画。我看了不禁拍案叫绝。我特别羡慕，也想学，可总是笨手笨脚的，即使在姥姥手把手的教授下，也还是绣得乱七八糟。姥姥经常独自在灯光下绣画，绣什么像什么，栩栩如生。没事时，她就坐在院子里绣花，绣盛开的牡丹、出淤泥而不染的莲花、娇嫩纤弱的蔷薇花……

姥姥的手粗糙又灵巧，虽然我现在离开了老家，但姥姥的手却一直留在我的梦境中。

一份珍贵的礼物

王子信

爸爸妈妈每年过年都会送我一份礼物。今年在新加坡我收到了一份特殊的礼物。

新年第一天，我们一家来到了一个巨大的立式转盘前，爸爸指着这个庞然大物说："这就是我们要到的地方——世界上最高的摩天轮，今天我们就一起去体会一下做飞人的感觉……"我一听，立刻慌起来，连忙对爸爸说："你们都知道我有恐高症。我就不上去了……"经过爸爸妈妈轮番的开导和鼓励，我才勉强答应和他们一起踏进了摩天轮的座舱。

摩天轮高一百六十五米，既然逃不过，我就只好硬着头皮受折磨了。一上座舱，我便找了一个最中心的座位坐下来，不敢说话。座舱启动了，一点点往上移动。我的心一阵比一阵紧，腿开始抽颤，手使劲儿抓住座椅…… 同舱的小哥哥小姐姐们都在座舱里走来走去，还不停地摆出各种造型拍照，唯独我一个人坐着一动不动。爸爸显得很轻松，靠着座舱壁对我说："你看，远处的风景多美啊。"我朝远处看去，阳光照射下，整个城市像刚用蜡笔画出来的，又像打开的电子游戏机：马路像一个巨大的赛车场，汽车飞速滑行；高楼一片接着一片，像一堆一堆望不到头的彩色积木；那些高大建筑统统都变得渺小

了，顿时让我有了一种蜘蛛侠穿越城市的感觉。我再朝海上望去，圣淘沙岛绿油油的，离得很近；海上的船只一闪一闪，像飘在天上的风筝。爸爸接着问："远处有两座小岛，一个是印度尼西亚，一个是马来西亚。你能识别出它们吗？"我瞪大眼睛使劲儿看了看说："左边是马来西亚的，右边是印度尼西亚的。呃，不对……"这时爸爸突然冲我喊了一声："孩子，摆个造型。"呀，我这才发现自己不知不觉已经离开了座位，站在了座舱里！爸爸拍了拍我的肩膀说："孩子，我早知道你能行。"

我带着前所未有的兴奋劲儿走下了摩天轮，突然想起新年礼物的事。爸爸看出了我的心事，说："孩子，你该得的礼物你已经得到了！"原来，克服恐高的毛病就是我得到的最珍贵的礼物。

当水果之王遇上吃货之家

罗雨墨

069

"大吃货"爸爸两天前就宣称：为了迎接远道而来的大姨一家，会带一个神奇的水果回来。此话一出，我翘首企盼了两天，终于，期待已久的门铃声响起了……一开门，好大的一个视觉冲击啊！满头大汗的爸爸扛着一个大麻袋出现在门前。这大麻袋一进门，只听到和我一同前来迎接爸爸的大姨一声"哀号"："好臭啊！"咦，大麻袋真的散发着阵阵奇特的味道呢！不过，我并没有觉得臭，反而感觉到一种甜滋滋的清香。这样一来，我越发对这个大麻袋充满了兴趣。于是，赶紧帮着爸爸把麻袋卸下，不由分说，一把扯开了绑在麻袋上的绳子，只见一个又绿又黄又黑的大圆球带着浓重的异香滚了出来，这是什么"鬼"东西啊！很重吗？我上前使劲儿一抱……啊！扎死人啦！这东西原来还满身长刺，是水果刺猬吗？一旁擦汗的爸爸笑呵呵地看着我说："宝贝，这就是热带水果之王——木波罗。"什么？就这玩意儿还是水果之王？

带着疑问，我冲进房间马上进入侦探角色，无论如何首先得查出它的底细啊！哦……别说，还真是！它不仅是水果之王，还是世界上最重的水果呢！它又称波罗蜜，那和菠萝是"远亲"还是"近邻"呢？再查查看……答案都不是，它们除了名字和"刺"差不多外，完全就是两种不同的水果，菠萝贴着地面长，木波罗长在树上。（这玩意儿要是从树上掉下来，下面的人可得注意啦！我就抱一下都快被扎死了，要是砸在头上……）

在我奋力追查"真相"的时候，外面已经开始"磨刀霍霍"了，我收拾好"残局"赶紧冲出去，生怕错过"开吃"大典。出去一看，好大的阵仗啊！"大刺猬"已经在"供台"上摆好，客厅木地板上铺满了报纸，大碟小碟也放了一地，一个小碟上还装满了金黄的香油。只见爸爸右手举刀，左手把香油往刀上细细地抹了一遍后，油光四溢的菜刀划过一道香艳的弧线，木波罗华丽丽地裂成了两瓣。凑前一看，嘿！原来这家伙外表丑陋内在美啊！它的果实竟然像花瓣一样从中心散开，金灿灿香喷喷的。可是，没等我多欣赏片刻，爸爸一通乱刀，木波罗顷刻间花容俱毁，彻底开膛破肚了。我还在埋怨爸爸辣手摧花呢，身边的各位已经往手上抹上香油，直杀乱阵了。爸爸说："赶紧动手吧，不下狠手果实会被裹住，你们取不出来的。记住抹点儿香油，不然你会满手黏液洗都洗不掉的。"好吧，我闭嘴，在美味面前，嘴巴是不应该用来说话的！

我迅速加入战团，只见，第一个吃到的还是老爸，两下一个，挑好、摘下、去核、进口，熟练极了！真让我怒火中烧啊，看来这位同志都不知道偷偷地避着我吃过多少回了！来不及生气了，抢吧！太甜了！太好吃了！爸爸完成一个，我随手就抢下一个，哈哈，太爽啦！再看看周围的同志们，妈妈最地道，摘下来的大多都装袋子里，准备给大姨带回去；外婆最斯文，慢吞吞的，半天弄不好一个；外公最狼狈，偷懒没抹香油，一手全是黏液；刚才还在说臭的大姨最能吃。妈呀！埋头"苦"吃啊，自己扒的全吃了不算，大家扒好觉得甜的还分给她，实在等不及了她就直接从扒好的碟子里取……哈哈哈！好吃好吃！我要和大姨比吃！

木波罗很甜！木波罗留给我的记忆也很甜！

换装大作战

沂　凝

071

今天，我不知发了什么疯，竟然和妹妹一起疯狂地玩起了换装游戏。不过，不是电脑游戏，而是货真价实的换装。

第一关　主题：制服风

评委：妈妈。

妹妹搭配：妹妹穿得很没有特色，是一件闪闪发亮的护士装。可是妹妹一穿上，那个气质就显示出来了，特别优雅。

我的搭配：我很紧张，从衣服堆里挑出一件芭蕾舞服。就这样战战兢兢地走上了台。"阿嚏——"舞服太薄了，我打了一个大喷嚏。

走秀：妹妹初生牛犊不怕虎，一马当先，自信地在舞台上走秀。而我呢，脸色太过苍白（因为我很冷），还不停地发抖，我一咬牙，走上"舞台"。走着走着，我突然自信起来，大步向前走。

结果：我竟因为那一咬牙，战胜了自己，战胜了妹妹，我赢了！耶——

第二关　主题：中国风

评委：姨妈。

妹妹搭配：妹妹这次精挑细选，找出了一件唐装，高贵极了。美中不足的是，唐装是去年冬天买的，里面有棉，很热。你看，妹妹才穿上衣服几分钟，额头就开始冒汗了。

我的搭配：我从衣柜里找到了一件旗袍。旗袍在很久以前就有了，可以被称为中国风的代表。穿这个一定不会错吧？我挑了一件亮黄色的，上面有蝴蝶、花的图案，镶嵌着水钻，漂亮极了。沂凝加油！

走秀：妹妹经过了上次的失败，再接再厉，那完美的走姿让我们啧啧称赞。而我经历了一次胜利，不禁有些飘飘然，心不在焉。

结果：我"华丽丽"地败下了阵。

第三关　主题：配饰大比拼

评委：姨妈和妈妈

妹妹搭配：妹妹从容地拿出一把折扇，暗暗得意。我本想拿团扇的，可妹妹选择了折扇，扇对扇可不太好玩。妹妹见我皱着眉，调皮地笑了。

我的搭配：我思索了一阵，想起了一件在古代与折扇平起平坐的东西——手绢。我马上找出一条以蓝色为底调，上面绣着牡丹的手绢，长长地舒了一口气。

走秀：妹妹一鼓作气，自信、大方地走着，那大家闺秀的气质飘散出来，评委们交头接耳，表现出十分满意的表情。我呢，吸取了教训，甩着小手绢，一步一摇地走着，文艺范儿十足。评委们纷纷点赞。

结果：我们姐妹两个，平分秋色，谁也不让谁。平局！在这一瞬间，我和妹妹凝重的表情慢慢舒展开来，露出了舒心的微笑。

咬我吧，蜘蛛！

许子涵

我是"超级蜘蛛侠迷"，连做梦都想变成"蜘蛛侠"。那一天，我看完了第七遍《蜘蛛侠》后，觉得眼睛有点儿累，便到阳台上去看"绿"。我伸了一个懒腰，趴在栏杆上，感受着大自然的美。突然，一只细小、微微有点儿黄色的小蜘蛛从栏杆上快速掠过。我看着它，先是愣了一下，随即灵光一闪：哦，万一我被这只蜘蛛咬了，会不会变成蜘蛛侠啊？因为我太想成为蜘蛛侠了，所以就不假思索地干了一件愚蠢的事情。

我迅速将那只试验品捏起来，放在手臂上："小东西，你只要让哥成为蜘蛛侠，保你吃喝玩乐应有尽有啊，来，咬吧。"但是，将它放上去以后，我的心还是有点儿慌，万一它咬了我，我没有变成蜘蛛侠，岂不白白搭上了一条性命？我注视着那只正在我手臂上爬着的蜘蛛，心里揣着一丝期待，期待着自己能早日变成蜘蛛侠，保护我们的地球；但同时心中又泛起一丝担心，真害怕这次小实验会让自己无辜丧命。

正当我内心无比矛盾之时，突然，那只蜘蛛停了下来，我以为它要咬了，就屏住呼吸，来吧！谁知，它又继续往前爬。我一狠心，干脆一不做，二不休，拼了——我将那只无辜的蜘蛛用瓶盖按着，这样它就走不了了，它肯定会咬我。我坐在小椅子上，手扶着瓶盖，满头大汗，准备迎接最后的结果。一！二！三！啊！它终于咬了，就像蚊子叮咬一般。拿开瓶盖，只见手臂上有一点儿小红泡，我对自己说，很快你就能变成蜘蛛侠了。我闭上眼睛等待着，而那只蜘蛛却趁机溜之大吉啦。

结果，不说你们也知道，唉……蜘蛛侠之梦再次破碎！

爸爸，别吸烟了

徐　可

我的爸爸很幽默，很开朗。就是有一个缺点：爱吸烟。

有一次，我正在专心致志地写作业，忽然闻到一股烟味儿。我气急败坏地冲出房间，对正在阳台上吸烟的爸爸说："老爸——你在干什么！"我那毛骨悚然的声音把老爸吓了一跳，老爸赶紧说："我……我爱大自然，正在为大自然造云呢！"我不禁在心里冷笑一声：爸爸呀爸爸，我不是在开玩笑，您一直吸烟，会伤害身体的。想到这里，我猛扑过去要抢爸爸的烟，一边大声喊道："吸烟有害健康，快把烟给我！"爸爸吓了一跳，慌忙高高举起烟，说："我会把烟扔掉的，你别抢，小心烫着你！"没有抢到烟，我气哼哼地望着老爸，老爸讨好地说："好好好，我马上扔，你去写作业去吧！"我心想：我才不去呢，作业难道比您的生命更重要吗？我——不——去！老爸见我不依不饶，又恳求说："哎呀，求求你了，你去写作业吧，我就抽完这一支。"我听了，才闷闷不乐地走了。

过了一会儿，我去看爸爸，什么？竟然又点上了一支烟，正准备抽呢！我迅速扑上去，心里的怒火熊熊燃烧着：抽了一支又一支，还有完没完了！我的动作快而生猛，像一只速度如闪电的猎豹，一下子把烟抢了过来，说："喂喂喂，您答应过我什么？"爸爸尴尬地笑笑，说："对呀对呀，这就是我刚才抽的那一支，没抽完……"我听了"哈哈哈"地仰天大笑起来，乘机把一整包烟都抢走，扔进垃圾桶。

吃完晚饭，老爸又要去抽烟。我连忙拦住爸爸，说："不准抽烟！"爸爸支支吾吾地说："我……没有……""那请问：您耳朵上那根烟是怎么回事呀？"我那毛骨悚然的声音再次响起，看着我坚定不移的眼神，爸爸只好乖乖地把烟拿下来交给我。我高兴极了，趾高气扬地拿着我的"战利品"走了。

老爸呀老爸，请您不要再抽烟了！吸烟有害健康呀！

韵　味

胡迪翰

作为一个中国人，我最引以为豪的就是博大精深的中国文化。而古诗是古代文化宝贵的精髓之一。

在我还没有进入校园的时候，父母就开始对我进行古诗启蒙。那些脍炙人口的诗句陪伴我走过了懵懂的时光。后来每次在课本上看到以前就会背诵的诗，就像在异乡遇到老朋友般欣喜。几年来，数十首古诗已经被我背得滚瓜烂熟了，它们就像甘霖般滋润着我成长的道路。随着年龄的增长，我越来越能体会其中无穷的韵味。

久而久之，我发现了一个规律：同一首古诗里总有几行的最后一个字韵母是一样的。老师告诉我这是押韵，押韵的好处是读起来朗朗上口，不像一些文章读起来非常别扭。于是，我对押韵产生了浓厚的兴趣，经常听到一个句子就在心里想这是押的什么韵，都有些痴迷了。

有一次语文课，老师带着我们做押韵的游戏，对我来说真是正中下怀。老师让我们每个人说一个押"ao"韵的三音节词。我飞快地转动脑筋思考起来。同学们都跃跃欲试，一个接一个地说着，如"单细胞""大肉包""穿棉袄""大花猫""豆沙包"，等等。终于轮到我了，我站起来大声地说："立交桥。"老师微笑着点头称赞，我心里乐开了花。最好玩的是轮到一位男同学时，他站起来说："不知道。"我们以为他说不出来，都为他捏了一把汗。但是老师却高兴地让他坐下了。我仔细一想，哈，原来"不知道"的"道"也发"ao"的音，真是虚惊一场啊。

这个游戏做完了，看着同学们意犹未尽的样子，老师又让我们做起了打油诗的游戏。规则是在黑板上写四句押"a"韵的五音节词组成一首打油诗。只听老师说"开始"，同学们就热火朝天地写下了许多挺有创意的打油诗。我也写了一首名字叫《炒股》的打油诗：股市顶呱呱，见绿不会发。变红笑哈哈，迷股大傻瓜。

下课了，我连忙找出几首古诗看它们押的都是什么韵。原来押韵是这么有趣的呀！后来再读到古诗，我都学着品味它们押的韵，真是其乐无穷！

我与壁虎PK记

施佳颖

"啊，壁虎！"我害怕地尖叫起来。只见三只壁虎紧紧地贴在书房的墙壁上。黑乎乎的身子、黑乎乎的眼睛和黑乎乎的尾巴，吓得我毛骨悚然。

我赶紧退后三尺，为了壮胆，我轻轻地哼起了《好汉歌》，可还没哼到一半，就已经吓得躲进了角落。我天生就怕这种黑不溜秋的东西，真怕此刻它们会突然掉在我的头顶上。

"哎呀，天哪！"那只最大的壁虎似乎也发现了躲在角落里的我。它连忙向另外两只壁虎发出"命令"，只见它们"三剑客"立即掉转身子聚集起来，摆出阵势，它们那咄咄逼人的架势像是要把我吞下去似的。

我吓得不知所措，连大气也不敢出。哼！与其坐以待毙，不如进行反攻。我抓起桌上的空牛奶盒，朝壁虎狠狠地扔去。它们见大势不妙，立即兵分两路来到了天花板上，谁知那只最小的壁虎由于逃得太快，竟然"骨碌碌"从天花板上掉了下来。"近了，近了，它要过来了！"我哆哆嗦嗦地随手拿起一根鸡毛掸子"狂舞"一番。好汉不吃眼前亏，那只壁虎一个转身飞快地逃到墙壁上去了，我拿起鸡毛掸子向壁虎扔去，可惜它跑得太快了，我没打着。

这下，我兴致来了，似乎也不再怕壁虎了。我紧盯着那只最大最肥的壁虎，操起妈妈平时掸角落蜘蛛网的大扫帚，对准它们就是一阵乱扫。嘿，三只壁虎还没来得及反应过来，就成了我的"刀"下"亡魂"。当我正得意的时候，妈妈冲了上来，抢过我手中的大扫帚，呵斥道："你在搞什么鬼？壁虎吃害虫，你不知道吗？快把屋子打扫干净！"

这时，从簸箕里传来了一阵嘲笑声。啊，难道是壁虎在嘲笑我？可没办法，大将军我放你们一马，谁让保护"益虫"，人人有责呢！

感 谢 遗 憾

王 文

　　曾听过一位哲人讲的故事。一个旅人在路旁看到许多盛开的鲜花，他一边走一边采。沿途的花一朵比一朵大，一朵比一朵美，一朵比一朵香，到黄昏的时候，旅程的终点就快要到了，他看到一朵巨大的奇异的花，在暮色中散发着沁人心脾的芬芳。他喜出望外，抛掉了手中的花，奔跑过去，可惜他的脚步却因跋涉的疲劳而显得有些沉重。他终于赶到了那朵花的面前，但那朵花已经枯萎了，他绝望地握住花梗，手一摇动，花瓣便一片一片地掉了下来。

　　于是，有人为旅人感叹，如果他不留恋那些小花而大踏步地一直向前走，就可能得到那朵奇异的花。我却不以为然，就算他得到了那朵令他喜出望外的奇异的花，当他回眸时，也会以同样的心情遗憾错过那么多芬芳的无名的小花，也许就在这不起眼的无名小花丛中会有另一朵更让他心驰神往，更让他感慨不已，更让他喜极而泣……

　　人生是一个遗憾的过程，正因为有了无数个遗憾，我们的人生才变得如此精彩、如此美丽。稍不经意的一次回眸，满眼往事中最令人难忘和记忆犹新的注定是曾经有过的些许遗憾，就像我们常常忘记夏日的沐浴，而记住了难捱的燥热，忘记了冬季树挂上的棉絮，而记住了严寒的冷酷。每一个遗憾教给我们的都是凝重的思索，每一个遗憾留给我们的总是流年的感动。重要的是不要因为一次遗憾，而忘却了我们要风雨兼程的旅行。

许多人因为没有得到而抱怨、放弃甚至沉沦，而智者会因为没有得到而奋起、执着追求。感谢遗憾，就是感谢生命的馈赠；感谢遗憾，前方的路才会走得更坚实；感谢遗憾，未来的日子才不会有太多的遗憾。带着遗憾远行，人生旅途会更精彩！

第一双眼睛

张可鑫

080

回想起来，曾经很多次因为自己的性格为自己带来困扰。

那是一个干燥而沉闷的下午，这样的天气仿佛预示着那即将发生的"大灾难"，我讨厌这样的天气，也讨厌这样天气之下的我。

我一直有丢三落四的习惯，今天也一样。呀，作业？可恶，又落了作业本，为什么总是忘记带作业本？我一边飞快地翻着书包，一边低低地自言自语。终于，还是被叫到了讲台上，挤在一群人中用完全不利于写作业的姿势补作业。为了早日回归座位，我根本不听讲台上老师讲什么，只顾狂抄。长舒一口气，终于抄完了。窗外吹过一丝风，哗啦啦地吹响了作业本。

什么？有错？心中的怒火一升再升，但忍了又忍，又走上了那片寸土。人生最大的悲哀就是趴在地上，却闻不到泥土的芳香，辛苦做作业，却没人理解你。

　　乱七八糟的字在本子上眉飞色舞地跳动着，胖的、瘦的、长的、扁的……这些字正如同我的心情一样，乱乱的。这次，一丝风也没有，一点儿清凉也没有，拿着本子走在过道里，边走边想，腿都麻了，脚也软了，都怪老师？不对，那怪校长？也不对，都怪发明作业的人，可是，是谁发明的作业呢？

　　裤子上全是灰尘，燃烧的怒火要爆发了。低下头拍身上的土，心中的怒火越来越大，终于，激怒了老师。

　　望着老师那充满火光的双目，我更委屈了，开始不顾一切地反抗，清晰的口语表述出了我心中的无限委屈。我看到老师的目光越来越愤怒。此刻，下课铃响了起来，而我的目光依旧停留在讲台上。

　　大哭一场之后，我开始自我反省，与老师交谈，发现老师的目光中有一些心疼，又多了一丝心寒。而我，终于在老师百感交集的眼神之中尝到了愧疚的滋味。

　　从那之后，我开始观察老师的眼睛，黑色的瞳孔中放射出的不仅是希望，还有期待，更是温暖的爱。

　　此刻，我想将我的心送给您，那里装着一个叫爱的精灵，它遇到我们，就会闪闪发光。

门后的世界

邱智洋

　　星期天，我正在屋后学鸟叫，"砰"，一扇木门突然降落到我面前，我被吓得一激灵。

我小心翼翼地挪步上前，只见门上清楚地写着："推开这扇门，它能带你到任何地方。"我惊得张大嘴巴：世上真有这等好事？会不会是场骗局？……

最终，强烈的好奇心战胜了一切顾虑。拿定主意的我用手抓牢门把手，猛地一拉，门开了，里面射出万丈光芒，让人一时睁不开眼。"啊，怎么回事？"我用手挡住光，慢慢走进去。门后是一片密林，脚下是一块象形石。待我进入密林深处，才察觉自己背了一个大包，里面的物品一应俱全：干粮、望远镜、水壶、地图和指南针……我展开地图以确定自己的位置，结果让我大吃一惊——那扇神奇的门真的把我送到了我梦寐以求的南美热带雨林。

此时，门又一次出现，这回，门上的话变成："如果你想放弃这次冒险，就请按响门铃，它会把你安全送回家。""我邱智洋是那种胆小怕事的人吗？"就这样，我开始了一段丛林探险之旅。

我边走边哼着小调儿，奇怪，附近好像有人在"敲鼓"？左右看看，上下瞧瞧，哎，原来是自己的肚子在咕咕叫！于是，我挑了一块光滑的石头坐下，啃起了干粮。饿的时候，吃什么都香！这时，一个身影神不知鬼不觉地走到我背后。它先推推我，我厌烦地说："别闹！"它干脆把"手"搭在我肩上。我转过脑袋，真是"不看不知道，一看吓一跳"，是美洲豹！千不挑，万不挑，偏偏挑在了美洲豹的家门口，这不是自投罗网吗？

强烈的求生本能使我拼命狂奔。前面刚好有棵大树，我使出吃奶的劲儿，竟然像猴子似的攀了上去。狗急跳墙，人急爬树，我暂时逃过了一劫。可那头美洲豹一直在树底下转悠，生死关头，我灵机一动，把背包里的干粮扔过它的头顶，抛得远远的，然后从另一边溜到树下。本想调"豹"离山，趁它吃东西的时候悄无声息地逃走，却不承想它死追着我不放……我都快跑吐血啦，它还不肯放过我！最后我实在是迈不动步了，只能倚靠着一块巨石"听天由命"！

万万没想到，它逼近我之后，叼起我的衣服用力一甩……我一睁眼，啊，我竟然骑到了它背上……刹那间，有个念头一闪而过：是不是它有求于我？查看之后，果然在它的尾椎处发现了一根大刺，那刺深深地扎进了它的肉里。原来它是来"请我帮忙"的，不早说，吓死我了！接着，我鼓起勇气，两手握紧大刺一拔，耶，一次成功！美洲豹低吼了几声后，俯下头颅，让我顺利地滑落地面，接着它蹭蹭我的腿，表示友好。

经过刚才这番折腾，我的肚子又"唱歌"了。那美洲豹好像通人性，再次叼起我的衣服，稳稳地把我甩到背上。第二次上豹背，我心跳就没那么厉害了，倒有种威风八面的感觉。一阵飞奔，我们来到一棵大苹果树下。我俩"心有灵犀一点通"，它是带我来填饱肚子的。有福同享，爬上树，我也摘了一些苹果抛给它："暗影，接着……等会儿，暗影？对，这名儿好听！"暗影深情地望着我，似乎很满意它的新名字。

就在我兴奋地呼唤暗影时，那门再次从天而降。门说："游戏结束，你该回家了！"可我舍不得暗影："暗影，我还会回来看你的！"暗影舔舔我的手掌，好像也不愿和我分离……

"儿子，你抱我的腿干什么？"睁开眼，看到老爸写满疑惑的脸……

中秋赏月

苏小雅

听着稀疏的蝉鸣声，坐着小板凳，望着皎洁迷人的"白玉盘"，这真是世界上最幸福的事情了。

月亮探出头来了，她用那纯洁的月辉抚摸着大地，一切都变得梦幻无比。我看得入迷，不知不觉接受了嫦娥姐姐的邀请，有幸来到广寒宫做客。嫦娥姐姐把我带到一个小亭子里，向我诉说她心中的寂寞和凄凉。她说，她每天只能以歌为友，与舞为伴。说到这儿，我不禁想起了李商隐的诗句："嫦娥应悔偷灵药，碧海青天夜夜心。"我体会到了嫦娥姐姐的孤寂，牵起了她的手，抱起了可爱的玉兔，一起嬉戏在云间。

快乐的时光总是短暂的，在妈妈的"河东狮吼"下，我恋恋不舍地离开了广寒宫，回到了现实世界。这时，妈妈早已把各式月饼、各种佳肴摆在月下，祈求神通广大的月亮仙人，保佑我们一家人平平安安、幸福美满！

我重新坐在小凳上，注视着清凉如水的月亮姐姐，她时而像个饱经风霜的老人，不紧不慢地梳理着白花花的月光；时而像含羞的少女，露出娇美的容颜。她一会儿躲进云间，一会儿撩开面纱。随着时间的推移，她时而像一朵白色的梨花，宁静地点缀在蓝丝绸上；时而又像明亮的大火球，为不辞辛劳保卫边疆的战士送去温暖。

　　此时的月亮，把大地照得一片雪白，树木、房屋、街道，都像镀上了一层水银似的。院子里的一切也都因月亮变得更加可爱。高大的杏树，昂首挺胸，在月亮的笼罩下，变得更加骄傲。绿茵茵的小草，抬头看着遥不可及的月亮，感受着不同寻常的月光，露出了甜蜜的微笑。绚丽多彩的花儿，最大的愿望，就是可以把这皎洁的月光亲自触摸，好好珍藏。一阵微风吹来，小草小花摇曳着身体，仿佛在说："你好，美丽的月亮公主，你散发着你那绝无仅有的光芒，是邀请我和你一起唱歌吗？你露出你那圆滚滚的身子，是邀我和你一起舞蹈吗？如果是这样，我一定会毫不犹豫地答应你！"我沉浸在甜蜜的幻想中。

　　"人有悲欢离合，月有阴晴圆缺，此事古难全。"但愿所有的人都能快快乐乐，活出最精彩的自己，但愿家家户户都团团圆圆、平平安安！

085

猫　　斗

严林琦

　　狂风，肆无忌惮，像刀刃一样凌厉。哀鸣，撕心裂肺，如利剑一样灼心。佝偻的背影在草垛旁显得有些单薄。任风荡起水面，泛起涟漪。

　　倏地，虎子跳上了青砖顶上，匍匐在一块长满青苔的瓦砖上，深沉的绿眸子里黑色瞳仁成了一根锋利的针，凝视着墙根枯草丛中矫健的飞影。突然，呼呼作响的风声中传来一阵尖锐的嘶叫，全身墨色的黑豹一跃，落到了虎子对面的石砖上，震得几片瓦摇摇欲坠，发出"哐当，哐当"的清脆响声。它的眼睑绯红，嘴里发出呜呜声，让人头皮发痒，像是在示威。

虎子"呼哧，呼哧"地发出低吼，露出了尖锐的獠牙，牙龈有些涨得发红，胡子根根笔直，在风中临危不惧，折射出浅浅的银光，汗毛陡然竖起，随着它的低吼，一张一合，极富节奏感地耸立在皮肤上。

虎子在下，黑豹在上。虎子往前几不可见地挪了几步，黑豹往后退了几步，站上了风口浪尖。它将原先隆起的背脊缩了回去。桃树枝丫顾盼生姿地滑动，遮住了黑豹可怖的脸，神秘，几乎不可触摸。

一个抽搐，虎子的目光凶狠了，仿佛要将黑豹撕碎。虎子一个箭步冲去，挥舞起前爪，新月一般的爪牙展露出来，撕裂了风声，划破了空气，直至黑豹小腹。尾巴也竖了起来，在瓦砖上横扫过去，向黑豹的四爪扫去。嘴张开，细长舌头宛如爬行的蛇，掠过黑豹，环住树丫的尾端。黑豹一个激灵躲了过去，有些吃痛地发颤，几片碎瓦也掉到了地上，引得"啪啪"两声响。

黑豹反击，身体扭曲在半空中，腋下温暖的绒毛触碰到冰冷的空气，发出细碎响声，染上了寒意。虎子猝不及防，背脊上的毛被抓掉了一撮，抽搐了几下，目光一滞，脚下一滑，滚了下去。

黑豹乘胜追击，扎了个猛子往下钻，往虎子身上撞去，眼里也染上了笑意，嘴角不自觉地往上扬，一抹靓丽的讽笑，脚下徐徐生风。

虎子有些挣扎，露出了最后一根爪，断爪。凶光收敛，黑豹的眸子猛然收紧，咽呜一声，大局已定，大势已去。伫立，久矣。

风还在吹，桃树枝还在风中飘荡。

壮观的龙卷"蜂"

李文卓

你见过龙卷"蜂"的奇观吗？我见过一次。田里整齐地摆放着几十个蜂箱，蜜蜂正忙进忙出地采着油菜花蜜。我举目远眺，欣赏着那一片金黄的花海。突然，一阵阵"嗡嗡嗡嗡"的声音铺天盖地般地响起来。我抬头一看，一群群蜜蜂发疯似的从蜂箱里涌出来，漫天飞舞，渐渐汇成一个不断扩大的龙卷"蜂"，蜂潮黑压压一大片，遮天蔽日。它们在空中不断地盘旋、飞舞，似乎找到什么东西后，那黑压压的龙卷"蜂"便以"乌云压城城欲摧"之势向一棵树冲了过去。我们都被这阵势吸引住了，但不明白蜜蜂为什么突然发狂。

这时，陪我们同去的养蜂专家为我们解开了疑惑，这是蜜蜂的"自然分家"现象。因为新一代蜂王要出王胎了，一个蜂箱不能容纳两只蜂王。为了避免老蜂工带着众多的"人马"迁到野外去，白白造成损失，养蜂人眼疾手快地从蜂箱里把老蜂王抓住，关在小盒子里，塞进草帽，挂在树上。工蜂嗅到了老蜂王发出的气味，就一股脑儿往外飞，追随蜂王而去，才刮起了这壮观的龙卷"蜂"。十几分钟后，"嗡嗡"的声音小了点儿，龙卷"蜂"也没那么猛烈了。在好奇心的驱使下，我顶着漫天飞舞的蜜蜂，冒着随时被蜇的危险，向那棵挂了帽子的树小心翼翼地靠拢。我悄悄地蹲下去，抬头一看，惊讶地发现才一会儿工夫，帽子底下就密密麻麻地聚集了一个足球一般大的蜂球。当我想再走近一点点时，一阵刺痛从手指尖传来，原来一只暴脾气的蜜蜂狠狠地"亲吻"了一下我的手指，我"哇哇"大叫，急忙后退。

妈妈帮我拔出了蜜蜂的针，还给我讲了小时候看外公捉回"出走"的蜜蜂的事。以前，外公家也养过蜜蜂。一次，大人们不在家，老蜂王带着它的一部分"人马"飞到屋对面的山上去了。妈妈悄悄地跟踪，记住了蜜蜂"安营扎寨"的那棵树。等外公回来后告诉他。外公不慌不忙，等天快黑的时候，搬着空蜂箱，拿着几炷香悄悄爬上那棵树，把蜂箱搁在蜂巢旁边的树杈上，在另一边点燃香火，慢慢用香火把蜜蜂逼进蜂箱。后来外公把"出走"的蜜蜂"捉拿"回家了，还奖了妈妈一些蜂蜜吃。妈妈回忆起吃到外公奖励的蜂蜜时，脸上还洋溢着甜蜜的笑容。

回家时，我的心久久不能平静，那是蜜蜂带给我的震撼。小小的蜜蜂因有强大的凝聚力才引发了这壮观的龙卷"蜂"。那人类呢？

088

月儿的旅行

饶蓉蓉

月儿是只白色的兔子，它可是只很神奇的兔子呢！看上去，一身雪白色的毛，一双大大的红眼睛，很符合兔子的特征嘛。但是每隔那么五六天，月儿就会不安分地到公园里的小林子中去一趟。我作为它的好朋友，自然按捺不住好奇心，悄悄地跟着它也来到了那里。

这片小林子平时很少有人来，总是静静的。今天，却显得格外有生机：随风飘荡的柳絮，随意洒落的花瓣，就像传说中的秘密花园。可月儿却浑然不顾，无心欣赏美景。花园正中央有一棵枝繁叶茂的大树，这棵树并不是很高，但是非常粗壮，树干底部有一个很大的树洞。月儿一下子钻进了树洞里，我也跟了进去。树洞很长，我好像有穿越隧道的梦幻感觉。

终于到了树洞那一头，眼前豁然开朗。这是一个蓝得奇怪的湖，那是一种深邃的蓝色。湖畔生长着蓝色的三瓣花，被风吹起的花瓣旋转着，无声地落在静静的湖面上。扇动着淡蓝色半透明翅膀的花精灵在空中"咯咯"地欢笑着，飞舞嬉戏，湖面投射下它们美丽优雅的倩影。

月儿的嘴里多了个东西，我依稀能看出是一本图册，图册上的画闪闪发光。月儿奔跑的速度加快了，我也跟着飞快地跑。再次停下来时，我们来到了一片大森林，参天的大树、巨大的植物，顿时，我觉得自己是那么小那么小。

再次追着月儿奔跑，我又看到了美丽的天空，苍穹下有绿色的山坡和橙色的城堡，金色的秋风在我脸旁穿梭。走进城堡，原来这是一座胡萝卜城！月儿兴奋地和城堡居民打起招呼，它们都是活蹦乱跳的兔子，原来这里才是月儿的目的地。月儿美美地吃了几根胡萝卜后，舒舒服服躺到胡萝卜制成的床上睡着了。四处弥漫着胡萝卜的清香，不知不觉中，我也睡着了。

刺眼的灯光打到我的脸上，我一个激灵，醒了过来，发现已经回到自己家中，手上还捏着一本图册。图册上画的，不就是那些先前见到的奇景吗？一切都是梦境？不，图册上还有月儿清晰的牙印呢！

我把春天带回家

刘梓峰

　　找到了！找到了！春天藏在北山公园里。柳树梳着长长的辫子，还在辫子上扎了许多绿蝴蝶结呢！那长长的辫子点着湖水，湖面泛起了美丽的涟漪。

　　找到了！找到了！春天藏在了琶江河两岸。我找到杏花、梨花，站在那些花中央，我仿佛站在一片茫茫大雪中。走过天桥，进入北山公园，这里野花盛开，小草、小苗都从湿漉漉的泥土里探出头来，它们终于能呼吸到新鲜的空气了！春天还藏在小朋友的欢笑之中，他们在跑着、跳着放风筝。北山公园的上空飘满了风筝。有的风筝还缠在了一起，上下飞舞，好像在表演空中杂技。突然，一阵狂风刮了过来，风筝剧烈地摇摆起来，差点儿把拿着风筝线的我也吹得飞起来。原来，春天也会发脾气。我们可要在清明前后多种一点儿树，让春天变得温和一些……

　　找到了！找到了！春天藏在小区里。小区里盛开了美丽的紫丁香和白丁香，还有迎春花、桃花……它们香气扑鼻，香味简直都能把一只蜜蜂醉倒。花池里灌木丛的叶子也变得翠绿无比，小区里一片迷人的景色。

　　四处的春天都被我找了个遍，可我总觉得少了一处春天的景色。

原来是家里少了春天，我立刻开始行动。我用糖果盒当花盆，到后院挖了点儿湿润的泥土后就开始播种了。我轻轻地捧着小种子，把它们埋在了每一个花盆里。过了几天，小苗冒出来了。哈！我把春天带回了家！

轻轻说声我爱你

蔡盈盈

他，不是我的亲爸爸，但是，他对我的爱，同样情深似海，我想对他说声："我爱你"。

早晨，当第一缕阳光从窗帘的缝隙中照进来时，我就起床，从抽屉里取出鲜红色的卡纸，对折，翻面，展开，旋转……没多久，便折出了一个大大的爱心。我在纸上郑重地写下了一行字：爸爸，我爱你！

我准备将爱心卡放在爸爸的书房里。风迎面而来，还伴随着一阵清脆的声音："丁零零——"是贝壳风铃，风铃上挂着一张照片，上面是我和爸爸一起放风筝的情景。

那是一个阳光明媚的日子，我拉着风筝在草坪上跑，可是无论怎么折腾，风筝就是飞不上天空。爸爸从我手里接过风筝，笑着说："小盈盈，其实放风筝很简单的。"我望着爸爸，只见他把风筝往空中轻轻一抛，顺着风势，风筝慢悠悠地飞上了天空，爸爸见状便开始放线，风筝随着风稳稳地越飞越高。阳光照在风筝上，风筝像镶上了金边，十分耀眼。我见了拍手叫好，迫不及待地想试一试，爸爸便把风筝收了回来，手把手地教我。最后，我终于能熟练地把风筝放上空中了……想着想着，我不禁笑了。我把爱心卡挂在了风铃上，爱心卡随着风铃左右摇摆，格外漂亮。

吃完早饭，爸爸照常去书房看书了，我的心"扑通扑通"地乱跳。门是虚掩着的，我悄悄地走到门前，从门缝偷偷地看着。只见爸爸从风铃上取下那一张鲜红的爱心卡，看着看着，脸上写满了幸福。我趁机走进房里，环住爸爸的脖子，鼓足勇气，深吸了一口气说道："爸爸，我……""爱你"两个字还没说出口，门便打开了，妈妈拿着拖把进来准备拖地。我连忙放下手，站在一边。

"怎么了？"爸爸问。"我……"喉咙里好像卡了一根鱼刺，怎么也发不出声音，我清了清嗓子，"爱你"两个字还是没说出口。

爸爸有些疑惑地望着我，我红着脸飞奔出书房，心里不住地埋怨自己："没出息，说出那三个字有那么难吗？"

"小盈盈，是不是遇到什么困难了？"爸爸不放心，跟了过来。我转过身，抱住爸爸，轻轻地说："爸爸，我爱你。"

爸爸先是一愣，然后笑了，搂着我说："我也爱你哦！"

我笑了，这个清晨是多么美好。

旧鞋子的新生活

朱信融

　　妈妈漂亮的高跟鞋、宝宝可爱的小童鞋、爸爸大大的皮鞋穿旧了，妈妈把它们都扔进了垃圾箱。

　　一天，一辆大卡车把这几双旧鞋子运到了郊外的垃圾站。垃圾站当然不是个好地方，但旧鞋子的新生活却从这里开始。

　　大卡车经过森林时，咔咔声把大清早还在熟睡的小松鼠给吵醒了。小松鼠揉了揉眼睛，往远处的垃圾站看去，一眼就看见那双漂亮的高跟鞋，开心极了，心想：正好动物公园的滑梯坏了，可以用这只曲线状的鞋子来代替。小松鼠想着，就一口气冲向垃圾站，连门都没关。小松鼠到了垃圾站，可是高跟鞋被许多垃圾压着，用手拿不出来，这可怎么办呢？小松鼠东看看、西瞧瞧，忽然看见有一根晾衣钩在旁边。太好了，得来全不费功夫，小松鼠轻松地用晾衣钩把高跟鞋给钩出来了。很快，高跟鞋被小松鼠带到动物公园。小松鼠把高跟鞋固定好后，看看四周没人，就自个儿滑了起来，玩得很开心。过了一会儿，小猴了过来了，小猪过来了，小鸡也过来了……动物越来越多，有的仰躺着滑，有的趴着滑，还有的头朝下滑，森林里可热闹了，连平常不怎么爱说话的小猫也开心地玩起来了，热闹的欢笑声把刚出生不久的小老虎也吸引过来了。小刺猬对小松鼠说："小松鼠，你这'滑梯'是从哪儿弄来的呀？"小松鼠笑眯眯地说："是从垃圾站捡来的啊！那里好东西可多了！"

　　小刺猬来到了垃圾站，发现了小童鞋和大皮鞋，小刺猬把大皮鞋送给了小老鼠，自己把那双可爱的小童鞋拿回家，做成了一辆小车子，小车子有四个轮子，里面有一个方向盘和两个踏板，只要踩动踏板，小车就会开动，方向盘可以用来调整方向。小刺猬把这辆车开到了公园，小动物纷纷向小刺猬借车子开，大家玩得别提有多开心了。

　　而小老鼠就更开心了，与其他几个小动物合作，将大皮鞋做成了一艘小船，在小溪里漂流，它们还找来了树枝在水里划呀划呀，把小船划到了森林的对面，与那里的小动物一起玩。

　　"滑梯""小车""小船"，可真有意思，今天是小动物最最开心的一天，也是旧鞋子新生活的起点。

094

毛毛虫的梦想

一觉醒来，毛毛虫爬出树洞，拍了拍身子，它发现自己变了，拥有了翅膀和美丽的花纹，变成了一只美丽的蝴蝶。"太好了，我可以飞着继续旅行了！"毛毛虫快乐地边飞边舞……

我的窃读保卫战

李薇杭

周末的中午，妈妈总是苦口婆心地唠叨：午休！午休！可我就是睡不着，我想看书，睡觉多无聊啊！

怎么才能不午休，利用这个时间读点儿书呢？我想了一个办法：假装蹲厕所！一天中午，刚刚吃完饭，我就把书藏到衣服里，从房间里鬼鬼祟祟地探出头来，左右看了看，嘿嘿，没有人注意到我，快跑！我踮起脚尖悄悄进了卫生间。正读得津津有味，忽然听到了妈妈的脚步声，我急忙把书藏好。听到妈妈敲门问："儿子，怎么了，蹲了这么长时间？""有些闹肚子……"我假装很痛苦地回答。心里暗自庆幸，好险，幸亏我有准备。

虽然这个"蹲厕读书法"很好用，可是用得多了，难免引起妈妈的怀疑，总不能老拉肚子吧。于是，新的方法出炉了：假装午休，在枕边放本书，偷偷读。有一次，读到书中最搞笑的地方，我忍不住"咯咯咯"地笑出了声，忘记自己已经"睡着了"。当我意识到这个问题的时候，妈妈已经来到了我的床前。我假装刚刚醒，睡眼惺忪地问："妈，怎么了？"当然，书已经被我迅速藏到了枕头下面。"臭小子，还装！"妈妈从枕头底下一把拎出了书。唉，这么快就被发现了，我这只"倒霉兔"呀。

不过，假睡读书法的失败并没有挡住我读书的热情。俗话说，道高一尺，魔高一丈嘛，各种各样的新方法从我的脑子里飞出，我的窃读保卫战还在进行中……

矮个子的烦恼

张 梦

"矮冬瓜，矮冬瓜……"听听，又是姑姑在喊我了。我只好无可奈何地撇撇嘴，没办法，谁叫咱个子矮呢？

个子矮真的有很多的烦恼。例如，我总坐第一桌，上课吸粉笔灰不算，有时老师"激情四溢"的唾沫还会溅到我的脸上；要是值日时排到我擦黑板，我努力跳起擦粉笔字的时候，边上总是围着几个看笑话的调皮鬼……

课间十分钟，本来应该开开心心地好好玩一下，可是我竟然有点儿害怕下课。我出去玩的时候，总有个别男生会调皮地冲我喊"矮冬瓜"，我听了真是怒发冲冠，火冒三丈，恨不能扑上去揍他们一顿，不就是个子矮点儿吗？犯得着说得这么难听吗？可转念一想，暴力不能解决问题，还是别理他们吧！"说我矮冬瓜，冬瓜矮吗？在蔬菜里面冬瓜算是最高的了？"虽然嘴巴这么说，算是自我安慰吧，可我还是很讨厌别人叫我"矮冬瓜"。

个子矮不仅是我的烦恼，也是妈妈的烦恼。她看见别的同学个子"噌噌"地往上蹿，急忙带我去检查微量元素，怕我因为缺这缺那所以长不高，结果啥都不缺，一切正常。妈妈盯着化验单直发愣，嘴里不停地念叨："什么都不缺，怎么会长不高呢？"我真想大声地对妈妈说："你别看我个子矮，可是我学习棒，我不仅能画一手好画，更能弹一手好琴。我更有着远大的志向，长大后要当一名优秀的医生，我一点儿也不比别人差！"

可是看着妈妈眉头紧皱，我又如何能开心得起来呢？什么时候我才能从烦恼中解脱出来呢？我只有仰望天空，大喊一声："老天，请赐我一瓶能让我长高的药水吧……"

雨　巷

吴晓萌

从没想过，秋雨后的小巷会这般美妙。我漫步在青石砖铺成的小路上。雨丝儿轻轻拍打着脸颊，我深深呼出一口气，同时呼掉了埋藏在心底的愁绪，酣畅淋漓地吸吮着潮湿的空气。雨雾晕染开了浓浓的灰白色，仿佛云雾般缠绕在空气中，久久不曾消散。整个城市被包裹在潮湿的空气中，像一块磨砂玻璃一样，缥缈中透着神奇，令人浮想联翩。每一个檐角，每一片树叶，每一扇窗户，都凝着朦胧的水汽。

"下雨了，回家啦！"……

此起彼伏的呼唤声飘进我的耳朵，缓缓抬起头，刚才还在跳皮筋的几个小女孩儿，慌忙收起橡皮筋，匆匆告别，飞快地奔回了家；巷子两旁的人家正皱着眉头，手忙脚乱地收衣服，还一边嘀咕着什么……瞬间，整个小巷空无一人，寂寥伤感。

天空是铅灰色的，厚重的云低低地笼罩着大地，静静地抛洒着雨丝。被雨水浸泡过的泥土，散发着阵阵清新的味道，几只褐色的小虫扭动着肥大的身躯，竭力想要钻到土里去。一只迷路的蜜蜂跌跌撞撞地闯入了湿得滴水的小巷，从房檐上滴落下的雨滴正好打湿了它的翅膀，薄薄的翅膀立刻变得沉重起来，金黄色的肚皮不停地起伏着，随即一个跟头跌落在地上。我刚想过去，它扇扇翅膀，又飞了起来。

我轻轻地抹开头上的雨水。雾气更重了，几乎看不见前面狭窄的小路了，只能一步步摸索着往前走。一阵寒风掀开了我的衣角，雨丝立即钻了进来，我不禁一颤。

默默之间，雨密密斜织，我撑起了手边的油纸伞。走在巷子里，心底氤氲着一种泛着轻愁的情绪。真是一番风，一番雨，一番凉啊。

不知不觉，雨停了。当阳光从灰沉沉的阴霾中小心地撕开一道口子，笑眯眯地往下面看上一眼后，整个小巷一下醒了过来，显得生气勃勃。洁白的云朵大方地展露出它的身影，在空中慢慢地游弋。

水滴在梧桐树的枝条间轻轻摇晃着，直到树枝承受不了它的重量时，它才轻轻地松开手，慢慢地、优雅地坠落。小巷人家的后窗上都映着白云懒散的身影，小路上一下蹦出了几个欢呼着的孩子。我缓缓收起伞，怔怔地望着那些孩子们飞舞着的身影，不禁哑然一笑。

这多情的秋雨，多情的小巷，多情的我。

清　泉

邓敏沂

　　山间的清泉奔流着，穿越着，演奏出了各式各样的韵律：有的低沉委婉，有的缠绵细密，有的高昂激奋，宛如一支多声部的乐曲，化成珠子撒落在蜿蜒曲折的峡谷间。

　　春天的清泉，伴着桃花的清香，绕过九曲十八弯，闪着碧莹莹、蓝幽幽的光波，由东边淙淙跳跃而来，在桃花谷抖了抖身姿，便又汩汩地撒着欢朝南奔去。

　　夏天的清泉，赤着双脚，露出了许多奇形怪状的小脑袋，仔细一瞧，原来是长期沐浴在泉水里的石头小伙伴，它们刚刚撑破了青色的绸带，与白花花的水花儿一起戏耍，不停地唱着、笑着、跳着。

　　秋天的清泉，挽着几条火红火红的小船，一起聆听山间的窃窃私语。小鸟告诉清泉，它要寻找搭窝的枝条，筑座最华丽舒适的安乐窝；小市公鼠告诉清泉，它要寻找更多的食物，建立个食物库，准备迎接寒冷的冬天；小青蛙告诉清泉，它要尽情地玩耍，因为不久的将来，它又要休息一个长假。动物似乎都忙碌起来……

　　冬天的清泉，蜷着身子，从石缝泻出，冒出一片白茫茫的云烟，朦朦胧胧，给人一种腾云驾雾的情境。刹那间，太阳出来了，在明丽的阳光下，清澈见底的泉水像条银龙在翻滚、跳跃。

哦，清泉！你是那么迷人，那么令人难以忘怀！

你会回来的，对吗？

闵昕怡

我最心爱的小猫"天线"丢失了，虽然已过去了很久，但每每想起这件事，就十分难过。

天线是我家收养的一只流浪猫，它长得十分可爱：一双眼睛在夜里还闪着光，耳朵搭配了黑白色的毛皮，怎么看都很神气。每天早晨，它吃饱后就去散步。傍晚，也许肚子饿了才回来。这种生活习惯保持了一年多，但今年初春的一天，它出去以后却再也没有回来……

那天早晨，天线又"喵喵"地叫着要出去，它不停地在门口徘徊，一副迫不及待的样子。我毫不犹豫地放它出去，告诉它等我放学回家再见。我放学后如约在楼下等它，以为它像往常一样，从草丛中兴奋地跳出来，跟着我一起回家。但是，天线却没有跳出来，我呼唤了一圈，也没见它的身影。

晚上，还是没见天线回来，我很着急，哭闹着要妈妈去找。妈妈在小区找了一圈，也没有找到，她安慰我说："以前天线也有这样的情况，明天肯定就回来了。"可第二天、第三天、第四天……它仍然没有回来。我一直不愿意相信天线丢了，妈妈却肯定地说："天线真的丢了！"我痴呆呆地站在那里，一句话也说不出来……

直到今天，每看到黑白色的小猫，我的心就会提起来："是不是我家天线？"但一次次的希望都变成了失望，虽然这样，但我仍坚信：天线，你会回来的，对吗？

孤老不孤

王亦沁

　　暑假，我在外婆家。外婆家楼下住着韦奶奶，听外婆说，韦奶奶七十出头，去年死了老伴儿，无儿无女，没人照顾。我看她沉默寡言，闷闷不乐，非常同情她。于是，我发动好朋友禹仔、表弟渊渊和小湛，大家一起帮助韦奶奶，让她快乐起来。

　　第二天，我们来到韦奶奶家，她躺在一张旧床上。我们走过去，做了自我介绍，并对韦奶奶说："我们来为您打扫房间！"韦奶奶急忙说："孩子们，不麻烦了，屋子脏点儿没关系，你们快坐下，陪陪奶奶就可以了。"我们说干就干，大家一起动手，有的扫地，有的擦窗，有的忙着给韦奶奶倒水、服药。不到一小时，韦奶奶的小屋就变得整洁、漂亮了。韦奶奶激动地说："真是好孩子！辛苦了，快来休息一下。"

　　我们围坐在韦奶奶的床边，问这问那。韦奶奶说："我身体不好，平时，不能到外面走动，整天待在家里又闷得慌……"说着说着，似乎有些伤感起来。我连忙说："韦奶奶，您就是我们的奶奶，以后有空就来陪您。"大家还为韦奶奶表演节目，我唱歌，禹仔跳舞，小湛朗诵了诗，渊渊讲了一个笑话。小屋里充满了欢声笑语！韦

奶奶连声夸奖我们，还吐露了她的心里话："老人最怕孤独，今天，我真说不出有多高兴，希望你们常来呀！"

这个暑假，我们常常去陪韦奶奶，帮她干一些我们力所能及的活，韦奶奶的心情开朗了许多。我们这样做，也许是让她感受到生活的快乐的一帖良药。愿我们每个人都能关心身边的老人，希望所有像韦奶奶一样的老人都不再孤独。

我是"小护士"

黄礼裔

外婆的食道动了手术，出院后在家休养，一直是妈妈照顾她。今天，妈妈去单位值班，照顾外婆的任务自然地落到我的肩上。妈妈临走时把要做的事做了交代，我做个"OK"手势，对她说："请妈妈放心，我一定做个称职的'小护士'！"

妈妈走后，我把电视调到娱乐节目，陪外婆一起看相声、小品。电视中正播放赵本山和宋丹丹的小品，两位演员的精彩表演，让外婆都笑出了眼泪。忽然，她皱起眉头，双手抚摸刀疤。我赶忙问："外婆，怎么啦？那里不舒服吗？"外婆有气无力地说："你把电视关了吧，笑得我刀疤都痛了。"我意识到外婆的伤口还没完全好，不宜这么大笑，这次是好心做了坏事。于是，关上电视，我扶外婆躺下，帮她轻轻按摩，看着她安静地入睡。

时间不知不觉地到了中午，现在该做午饭了。我到米桶舀了一杯米，认认真真地洗干净，装了半锅清水，放到煤气灶上。大约半小时后，透过玻璃锅盖，我看到稀饭煮得又黏又稠，于是关掉了火，盛了两小碗，晾了一会儿，才叫醒外婆吃饭。

吃完了饭，想起妈妈说饭后不能马上躺下，需要适当的活动以助消化，于是，我搀扶着外婆去花园散步。我们观看四周的景致，花园里空气清新，让人心旷神怡。外婆的兴致很高，与我一边走一边闲聊，丝毫没有回家的意思。但是，我考虑外婆身体虚弱，只能带她回家休息。

照顾外婆，我当了一天的"小护士"。这可并不是一件简单的事，除了要有一份爱心以外，还要有足够的耐心、细心，也是我以往不曾体验到的。

104

雪天的故事

于汀汀

"丁零、丁零……"闹钟的铃声把我吵醒。"呀！才八点钟。"我眯着眼抱怨，"双休日都不让人睡好，真烦！"

奇怪，屋子里没有一点儿声响。我下地走了一圈儿，嘻，爸妈都不在家。这下我可以自由自在地玩了，再不用跟那些作业磨时间！

窗外飘起了雪花，不一会儿，地上堆起了厚厚的一层棉花糖。我还没尝过这"棉花糖"是什么味道呢，看样子一定很好吃，又凉又甜。

穿好棉衣，戴上帽子，我蹦蹦跳跳地跑了出去。"咚"！我撞到一个重物，仔细一看，原来是个卖豆腐的。豆腐洒了，融在雪地上，都分辨不出来了。

"对不起、对不起……"我一个劲儿地向那人道歉。

谁知那人"嗤"地笑出声来，将捂在头上的狗皮帽一摘，露出一张熟悉的脸。是爸爸！

"汀汀，你怎么跑出来了？"

爸爸跛脚，行走不便，大雪天怎能出来卖豆腐？我使劲儿把车子掀起来，又去拉爸爸。爸爸冻得脸都发紫了！我也感到很冷，连手都不听使唤。

我心疼地说："爸爸，你的腿不好，怎么能推车？我不念书了，帮你卖豆腐吧！"

"傻孩子，爸爸卖豆腐不就是为了你读书吗？"爸爸吃力地站了起来，"你先回家吧！别冻着。"

"不，我和你一起去！"我嘟囔着，不肯挪动脚步。

"你不听话，我生气了。"

望着爸爸一瘸一拐推车的身影消失在茫茫的大雪中，我忍不住流下了眼泪。这时，一片洁白的雪花飘进我的嘴里，我呷了呷，好甜！哦，这雪真的变成糖了！

"降儿十八掌"与"降妈十八招"

罗 颖

我今年十二岁，上小学六年级，自从家里买了电脑以后，我就天天在电脑上玩游戏。妈妈为了防止我玩电脑，天天像防贼一样地盯着我，用妈妈的话说，如果我再玩电脑的话，她就用她那无敌的"降儿十八掌"了。你不懂了吧，为何叫"降儿十八掌"？实话说吧，是因为妈妈喜欢上了电视剧《天龙八部》，开始我也没怎么注意，可突然有一天，妈妈竟把《天龙八部》里的"降龙十八掌"给改造了一番，就成了教育我的"降儿十八掌"，自从"降儿十八掌"破壳而出后，我就没有过一天好日子。

终于有一天，我实在忍无可忍了，经过一番苦心研究，终于研发出了一套"降妈十八招"，决定与妈妈大战一番。

一个星期天，吃过晚饭后，我急忙跑向电脑旁边，准备做它的"守护天使"，谁知，老妈也跟来了，于是，我们的大战便开始了。

第一招：跪地求"妈"。

只听我"扑通"一声，一下子跪在了老妈面前，眼中流露出乞求的目光，然后悄悄地把口袋拉链打开。顿时，口袋里的洋葱的辣辣的味道飘然而来，使得我泪流满面。我心里暗暗地想，老妈一定克制不了这一招，嘿嘿，告诉你吧，妈妈最疼我了，她一定会向我投降的。

可谁知，妈妈发现了我的"秘密武器"——洋葱，一下子伸进我的口袋，拿出洋葱扔到地上。我顿时目瞪口呆，心里想：哼，第一招不行，用第二招。

第二招：软磨硬泡。

我跑到妈妈身边，抱着她的腿，歪着头撒娇，还细声细气地说："妈咪，妈咪，我的好妈咪，就让我玩一会儿好吗？"可老妈却背对着我，双手捂着耳朵，装作没看见，没听见，这下我气坏了，决定用第三招。

第三招：将计就计。

哼，前两招不行，那就看我的第三招，只见我气急败坏地对老妈说："我就要玩，关你什么事呀，哼！你不是说学习要灵活运用，劳逸结合，不能死记硬背，我刚写完作业，你也不让我玩！"妈妈笑了笑，对我说："咱们可是刚吃完饭，你哪年哪月哪日哪秒写的作业呀？"我顿时呆住了……

就这样我用完了我那套"降妈十八招"里的十八招"盖世武功"，还是没有降服老妈，该老妈出手了，只见她"降儿十八掌"第一掌打了下来，我的屁股红通通；第二掌打下来，我的屁股冒起了"白烟"，就这样，直到第十八掌下来，我那可爱的小屁股便发了"高烧"，就这样被老妈给修理了。

其实老妈也不是不让我玩电脑，她是怕我天天玩，影响视力，学习成绩也会下降。要是我在电脑上搜集学习资料，妈妈就会很支持我，还耐心地指导我健康地用电脑。

还是妈妈的"降儿十八掌"厉害，其实也是"爱儿十八掌"，我还要谢谢妈妈呢，在妈妈的关爱下，我也就"甘拜下风"了。

小小男子汉

许金奕

"好弟弟，快帮我扫扫地、拖拖地，顺便再帮我晾一下衣服吧！"姐姐无限"温柔"地对我说。我的亲姐姐呀！你一出口就是三项伟大"工程"啊！姐姐又可怜巴巴地说："你是堂堂男子汉，帮帮柔弱女子做点儿事是应该的嘛！"唉，妈妈刚走，姐姐就开始"折磨"我了。我真是敢怒不敢言啊！谁让我是男子汉呢？

因为我是男子汉，不能和弱女子计较，勉强接受了姐姐派给我的任务。经过艰难努力好不容易才完成。我刚刚想松口气休息一会儿，姐姐又嚷嚷开了："弟弟，家里没吃的了，能不能到商店买点儿吃的？"时机把握得真好。不容我分辨，姐姐就硬塞给我二十元钱。没办法，保护弱女子嘛。这次要显示我的男子汉气概，便一路狂奔，飞去"十万八千里"的商店。气喘吁吁地刚进门，姐姐的一句话差点儿把我气晕，"刚才你出去，我忘了让你帮我带点儿冰水，现在再去一趟吧，你是男子汉啊！"唉！谁让我是男子汉呢？我只好垂头丧气地再去买水了。

晚上我们一家到酒店吃饭，我还没把板凳焐热，小舅舅说："小虎，你是男子汉，快去招呼客人。"晕，又是男子汉，我只好硬着头皮跑来跑去招呼亲朋好友。晚上回到家，妈妈又让我去开电热水器，我二话不说照办了，因为我是男子汉，就不用浪费口水了。姐姐不知又在嚷嚷着支配我干啥，可我已经倒在床上睡着了，太累了。

买不到的礼物

薛 杰

朋友，在你记忆的深海中，是否有最最珍贵的贝壳与宝藏，透射出记忆大门开启的微光？

今天是我的生日，我不由记起了那年的生日……

在我五岁生日的时候，妈妈送给我一件买不到的礼物，让我记忆深刻。

生日那天，我早早就起来了，心想：哈，今天我过生日，妈妈会送给我什么礼物呢？是我最喜欢的芭比娃娃，还是可爱的玩具熊？一定很贵重吧！真好，我又可以在朋友面前炫耀了。

早晨，妈妈出门了，我猜妈妈一定要给我一个惊喜，不然她怎么会假装忘记我的生日了呢？我望着妈妈的背影，露出洞穿别人诡计时才会有的微笑。

到了中午，妈妈也没有出现在幼儿园的门口。我想：妈妈一定要把这个惊喜留到最后吧！到了晚上，妈妈很晚才回来，我兴高采烈地扑上去："老妈，这么晚回来是不是给我去选礼物了呢？"没想到妈妈却一脸愧疚地说："孩子，对不起，妈妈有事所以没给你买礼物，我一定给你补回来！"

就这样，我过了一个不愉快的生日。晚上的时候，我含着眼泪睡着了，睡着睡着，做了一个奇怪的梦：一个兔子神告诉小孩儿，最珍贵的礼物不是用钱能买来的，真正幸福的孩子才能得到买不来的礼物……

第二天，我一直在琢磨买不到的礼物是什么，直到晚上的时候，妈妈亲了我一下，我忽然想道：妈妈每天给我的吻不就是买不到的礼物吗？我终于找到了那件买不到的礼物了。我对妈妈说："谢谢您，妈妈！给了我一份买不到的礼物。"看到妈妈一脸疑惑的样子，我笑了。

我一直把这件事铭记在心里，这是我最喜欢的礼物——一件买不到的礼物。

110

毛毛虫的梦想

任茜茜

一天，一只毛毛虫走在路上，它的愿望可真大啦，要到全国各地去旅游。

走着走着，毛毛虫看见前面走着一只蚂蚁，毛毛虫问蚂蚁："嗨，朋友，你现在过得可好？"蚂蚁叹了口气说："唉，别提了，现在这生活……不说了，你又要到哪儿去啊？"毛毛虫自豪地说："我要到全国各地去旅游，过那自由自在的生活！"蚂蚁听了，说："看你这慢吞吞的样子，还想着旅游啊？只有傻子才会想哩！"蚂蚁的讥笑，让毛毛虫很难受，它的心就像一个掉到地上的鸡蛋，就快要碎了。

毛毛虫慢腾腾地走着。这时，一只小兔子走来，关切地问："毛毛虫，你怎么了？是不是病了？"毛毛虫抬起头看着小白兔，仿佛看到了希望。在毛毛虫看来，小白兔最善解人意了。于是，它把刚才的事情一五一十地告诉了小白兔。小白兔认真地听完，却摇摇头说："蚂蚁虽然做得不对，可它也没说错啊！旅行是一件冒险的事情哪！"小白兔不理解的目光让毛毛虫伤心透了。

毛毛虫走啊走，它想："如果我真的放弃旅行，村子里的小动物会怎样嘲笑我呢？"走着走着不小心撞上了正在散步的小蜗牛。"毛毛虫，你的脸色怎么这么难看？"蜗牛关切地问。毛毛虫为难了，不知道该怎么办。蜗牛似乎看出了它的心思，说："毛毛虫，别难过，有什么委屈就说出来吧，说不定我能帮你忙。"毛毛虫再也忍不住了，把经历的委屈全部抖了出来。蜗牛认真地听着，说："毛毛虫，你是一个勇敢、有梦想的人，别人怎么看你不重要，重要的是你怎么看待自己。只要坚持，总有一天你会实现自己的梦想。"

蜗牛的安慰让毛毛虫感到很温暖，也让它鼓起了前进的勇气。一路上，它再也不在乎别人的眼光，欣赏着美丽的景色，不断向前。也不知道过了多久，它累了，便找了一棵大树，在清风吹拂的树枝上安心地睡着了……

一觉醒来，毛毛虫爬出树洞，拍了拍身子，它发现自己变了，拥有了翅膀和美丽的花纹，变成了一只美丽的蝴蝶。"太好了，我可以飞着继续旅行了！"毛毛虫快乐地边飞边舞……

毛毛虫的梦想

骑 猪 记

杨力凡

那一年，我五岁，回到了浙江老家。奶奶养了很多猪，其中有一头母猪，生了很多小猪崽。我很喜欢那些小猪，经常跟奶奶一起去给它们喂食，慢慢地就跟它们熟悉了。

一天，奶奶不在家，我又去看小猪崽，发现有两只小猪竟然趴在猪妈妈的背上玩。我心想：要是我也骑在猪妈妈的身上，一定很好玩。我迫不及待地打开了猪圈的铁门，走了进去。小猪崽见我进来了，好奇地围着我转，那两只趴在猪妈妈身上的小猪崽也跳了下来，用嘴蹭着我的裤腿，很亲昵的样子。我没时间理会它们，快速走向猪妈妈。猪妈妈仍躺着，我跑过去，抬腿一跨，骑在了猪妈妈的背上。猪妈妈"嗷嗷"叫了两声，但还是躺着没动。我拍了拍猪妈妈的屁股，它才慢慢站了起来。

哈，我终于骑在猪背上啦！我高兴地又拍了拍猪妈妈的肚子，它开始在猪圈里乱窜，先是慢慢地走，一边走一边扭动着腰身，想把我甩下去。我紧紧抱着猪妈妈的脖子，猪妈妈见甩不掉我，就由走变成了跑，拼命地转圈，"嗷嗷"直叫。最终，我被摔了下来，不过掉下去的地方很软，摔得不疼。我想再次骑在猪妈妈身上，可猪妈妈见了我就躲，我再也没有机会了。我抱起一只小猪崽，想把它放在猪妈妈的背上，小猪崽"嗷嗷"地叫着，猪妈妈突然凶恶地冲了过来，我赶紧把小猪放了。我感觉跟小猪在一起也很好玩，于是我就学着小猪的样子，在地上爬来爬去。

玩得正高兴，奶奶回来了。奶奶大声喊我，问我在哪里，见我在猪圈里玩，奶奶大吃一惊，走过来说："傻孩子，你怎么跑到猪圈里当猪啊？"

奶奶赶紧把我抱出猪圈，给我洗澡。直到现在，只要我回老家，奶奶还会不时提起这件事，一提这件事，奶奶就会很开心，仿佛又回到了从前。

啊，好想马上回到老家，回到我五岁时那个快乐的早晨。

海之"野"

找倩仪

厦门的海是野的。这是一种天然的美，是一种随性的美：站在岸边，轻轻的海浪亲吻着你的小脚丫，可好玩儿了！可是，下一个海浪就会热情四射地朝你扑来，把你给撂倒！这种美，是一种豪爽的美：如果你站在齐腰高的海水中，这位"东北大汉"就会热情地把你揽入他的怀中，让你喝足他酿的"好酒"！这种美，是一种连绵的美：如果海浪的"跳舞指挥官"一声令下，海浪姑娘们就会伸展出修长的手臂，微笑着向你跑来。

海水和沙子是一对最好的恶作剧组合：海水这野丫头故意将你绊

一个"大马趴"，然后沙子这浑小子立马以光速给你递上一份"黑暗料理"，瞬间给你来一个狼狈的"狗啃泥"。

在水中居住的小动物当然更是"野"性十足了！成群结队的螃蟹在沙滩上横行霸道，如果哪个人不懂规矩挡了他"蟹大爷"的去路，他准会毫不客气地在你脚丫子上狠狠地留下一个纪念。那感觉一定令你难忘！还有那些美丽的贝壳，你可千万千万不要惹到她们！她们可是海里有名的"母夜叉"！如果把正在睡觉的她们给吵醒了，她们准会给你一个异常甜蜜的"亲吻"。

海边的人们也变得"野"了起来。年过花甲的老人学着电影《泰坦尼克号》中的杰克和罗丝，在沙滩上吹着海风；孩子们在沙滩上打滚；年轻人光着膀子在齐胸的海水里站成一排，准备迎接巨浪的冲击！满海滩的嘻嘻哈哈，满海滩的亲亲热热。

照片记忆：我们在厦门的海的"野"中返璞归真！我喜欢大海的"野"！

保鲜袋历险记

孟星沅

我是一只普通到毫不起眼的保鲜袋，用我包装食品方便卫生，厂家也在我的脸上印上了"请勿乱扔，爱护环境"的艺术字体。

我被用于包装美味的面包，一个小朋友买了下来，把面包吃完，便随手把我扔在了铺满沥青的包裹着斑马线的马路上。躺在冰冷的路上，闻着难闻的沥青味儿，我感到十分愤怒。我脸上分明印着字儿，可这小朋友怎么看都不看一眼呢？唉……

"嘀——嘀——"一辆大卡车驶了过来，啊！它马上要压到我了！我吓得闭起眼，蜷着身，等待大难来临的那一刻。突然，一阵狂风吹过，我被一下子吹到了一个小弟弟的脚下。我想："他应该会把我带回我的'家'吧。"我睁开大大的眼睛高兴又期待地看着这位"慈眉善目"的"大善人"。他慢慢地拾起了我，我本以为他会将我放到垃圾桶里，可知人知面不知心，他居然把我拿在手上挥来挥去，我只觉得一阵天翻地覆，想呕吐，可他又在我的肚子里装满了苦涩的沙子，硬生生地把我弄了个洞……我再也不能充当他的玩物了，一气之下，他又把我扔到了马路上。

唉，我们几个保鲜袋随风跳着悲伤的舞，像流落在街头的乞丐一样，被风吹来吹去，到处流浪。一阵台风入侵了城市，一个保鲜袋妹妹被台风恶作剧般地吹到了河里，在一波波激流里，拖着被水冲来冲去的身子拼命挣扎着，一个哥哥则被风吹上了天，如同一只断线的风筝随风飘荡。而我呢，挂在一根枝头上，随风猛烈地摇曳着身子。

在这繁华的街头，我就如一面高高举起的白旗，那情景别提有多难看了。人们对我指指点点，嘲弄似的看着我。我多希望有人把我摘下来啊！可他们从来是"君子动口不动手"，每一次，我都只能无比失望地低下了头。

这已经是第二十一天了，阳光明媚。我全身披着阳光在枝头"招摇"着，那个妹妹早已沉到河底了，那个哥哥也不见踪影，不知被吹到哪儿去了。我们失散了。

我抬起头，一群少先队员迎向了我，他们用长竹竿把我钩了下来，并把一脸感激的我送到了我最后的归宿——白色污染回收站。

我看见，路上竖起不少广告牌，上面写着：爱护环境，人人有责！

毛毛虫的梦想

金子般的心

姜着文

可怜天下老师心，唯恐学生分数低。期末一到，卷子多得写不完，同学们疲惫不堪，时时渴望着放学铃声的到来。

挨到了放学，同学们迫不及待地收起书包，拎起水杯，蜂拥而出，谁也没有注意到自己的脚下，一张还没被批阅的卷子无情地被几十只脚从室内践踏到室外，沦为你我他的"脚下囚"，面目全非的它多像一个沦落街头无人问津的破烂呀。大家鱼贯而出，谁都没有留意它的存在。放学时的头脑风暴早已把老师平时进行的环境教育冲到了九霄云外。

正当我要捡起这张纸时，一个熟悉的身影抢先出现在我眼前。许仁浩！他没有绕过，也没有踩上，而是弯下腰，快速地捡起，捏在手里，揉成一团，塞到了衣服口袋里，若无其事地继续向前走着。"脏不脏啊？真恶心！"不知是谁的喊声打破了走廊的寂静，大家都不约而同地搜寻着目标。我以为此时的他一定是老毛子看戏——傻了眼，脸红、心跳、腿哆嗦是逃不过了，没想到他是那样淡定，竟向喊者报以淡淡的一笑，那笑那样自然，那样甜美，那样令人肃然起敬！虽然只是小小的弯腰之劳，却让我的内心久久不能平静。在他前面走过去那么多人，或许有人真没看见，或许有人看见了不想捡。这其中有老

师的"宠儿"，同学们的楷模，班级的红人，可是他们却视而不见。真是小事见人品，平凡现精神啊！

一张脏兮兮的纸，让我看到了许仁浩金子般的心灵。

植物也"吃醋"

莫 熊

生活中，神奇的事总是不断出现的，就连平常最为普通的醋也有它不为人知的秘密。

自从我买来了一盆满天星，似乎我的生活规律就有所改变了，每天早上起床或放学回家，爸妈都会见到我繁忙的身影往来于厨房和阳台，嘿嘿，我对于自己买来的动植物总是很认真的。可有一次，因为我错过了几次浇花，记起来时，原来茂盛的满天星已是奄奄一息了。我心急之下顺手拿着厨房里一只装着水的塑料瓶，就对着花狂喷，却闻到了一股酸溜溜的味道，不好！拿错了，是老妈盛过白醋的瓶，我赶紧看看花，暂时没发现满天星有异常。我忐忑不安地观望了几天，发现满天星已经恢复了勃勃生机，而且看起来比以前更加漂亮了。莫非是醋的功用？

于是，我向几个种花经验丰富的老大爷询问，他们告诉我对盆栽的花卉施以醋溶液可以改善生长，增加花朵的开放数量。醋有如此神奇的功用吗？我开始着手实验。

观察记录：

117

毛毛虫的梦想

第一周过去，三盆花没有明显的变化，都是郁郁葱葱的。

第二周去看，3号盆花主干略微比1号和2号高出一点儿，叶子的颜色也更加绿，1号叶子有点儿黄。

又两周过去，3号盆花主干已经达到30厘米了，而2号主干是22厘米左右，1号主干是18厘米左右。

五周后，我惊喜地发现，3号盆花叶子中间长了好几个小花苞，1号和2号还没有。

七周过去，3号盆花的小花苞已经渐渐大起来了，变成几个大花苞，长得那么健壮，叶子一天比一天多，一天比一天绿。外表是清绿的皮，包着里面粉红的花瓣，美丽极了。1号和2号也有花苞了，但数量不及3号。过了几天，3号花开了。1号和2号还没有动静。

在我精心的照料下，经过仔细观察和比较，这项实验的结果是：经常浇醋的那盆花的长势明显优于其他两盆，不仅开花期提前，花苞也较多，而且花色较浓，花期有所延长。其中又以浇清水的最次。

最后，通过实验和查资料确认，用醋浇花可以保持土壤酸碱度的平衡，我们现在种花使用的腐殖土里含有的腐殖酸是可以改良土壤的酸碱度的。但是腐殖酸在土壤里面的分解速度非常缓慢，而食用醋的主要成分是醋酸，属于低等的有机酸，在土壤里面分解很快，不过要掌握好醋液的浓度，这样花才长得好哦。

我赚的第一份零用钱

马　力

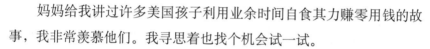

　　妈妈给我讲过许多美国孩子利用业余时间自食其力赚零用钱的故事，我非常羡慕他们。我寻思着也找个机会试一试。

　　在征得了爸妈的同意后，我找到了我的好朋友——左彦东，准备跟他合伙干。美国的孩子一般采取帮邻居送牛奶、送报纸、修剪草坪、给宠物洗澡等办法来赚钱，可我们到底该干什么呢？正在我们不知从何下手、左右为难的时候，我突然看见墙角有一个矿泉水瓶，啊，有了！我们可以捡瓶子来卖呀！

　　我和左彦东的家都住在大学校园里，在学校南院和北院的足球场、篮球场和羽毛球场等各种活动场所中，每天都有许许多多的人来锻炼，所以这里会有很多被丢弃的矿泉水瓶。再说这几天大学毕业生正忙着办理行李托运，收拾行李时也丢弃了不少矿泉水瓶。假如我们能把这些瓶子都收集起来，既可以保护环境，也可以赚到一笔不少的钱呢！

　　说干就干，当天午饭后我就和左彦东相约在校园里寻找矿泉水瓶子。天气很热，人一动不动地待在屋里还要出满身的汗，何况我们俩是顶着热辣辣的太阳，骑着车从校园的这头跑到那头。太阳光照在我们的脸上、胳膊上，灼热难受，我们可顾不上这些，眼睛四处搜寻着瓶子，嘴里还念叨着：瓶子啊，瓶子，你赶快从地里冒出来吧。功夫不负有心人，我们果然在运动场和宿舍区的角落里发现了空瓶子。只要看到瓶子，我们就赶忙跳下车，车子都来不及停稳，就飞快地冲了过去，生怕别人给抢了去。不到两个小时，我们已经找到六十多个瓶子了，车篓里、车后座的塑料袋子里都塞满了各式各样的饮料瓶，战果十分辉煌。

看着这些战果，我们信心倍增，这一天的剩余时间里，我俩兴奋地商量着如何多捡些瓶子，多赚点儿钱，让爸爸妈妈们也知道我们中国小孩儿与美国小孩儿相比一点儿也不差。嘿嘿，等着瞧吧！

第二天午饭后，像昨天一样，我俩迫不及待地拿着袋子、骑着车子又"上班"了。为了能够捡到更多的瓶子，左彦东提议去看看垃圾桶中有没有废瓶子，尽管我平时看到垃圾桶就嫌脏，可这次二话没说就同意了。闻着垃圾桶散发出来的臭味，看到垃圾桶上的污渍，我差点儿吐出来，可是为了捡瓶子，我硬着头皮在一个一个垃圾桶里搜寻着。可就在我们搜了两三个垃圾桶后，猛然间发现，前面一个垃圾桶处，有一个穿得脏兮兮的男孩儿在跟我们"抢生意"。因为他在我们前面，动作也比我们快很多，所以等到我们赶到那几个垃圾桶的时候，瓶子早就被他捡走了。怎么办？我急中生智，赶忙喊上左彦东，骑上车子以最快的速度超过那个男孩儿，当那个男孩查看第一个垃圾桶时，我俩就迅速去第三和第四个垃圾桶，他来追我们时，我们早就已经在第四和第五个垃圾桶中搜查了。那男孩儿只好甘拜下风，调头走了。不一会儿，我们就已经搜集到了二三十个瓶子了。

经过了四天不懈的努力，在7月11号这天，我俩将捡到的二百个瓶子全部卖给了收破烂的老大爷，各自赚到了六元钱。手里第一次攥着沾满自己汗水的六元钱，我非常激动，因为长这么大了，这可是我第一次赚钱啊！激动之余，妈妈的话总在我的心头萦绕，捡瓶子未尝不可，但是肯定会抢了一些生活没有着落的人的饭碗，如果能够像美国的一些孩子那样开动脑筋，发现别人没有发现的机会，靠智慧赚钱，那将更有意义！那么，下一步，我该怎么办呢？

春天的榕树

黄静怡

春姑娘挎着花篮子，迈着轻盈的步子向我们走来，榕树在春天的季节里伸伸懒腰，醒了！

站在教学楼三楼俯视榕树，觉得它离我很近，好像一伸手就能摸到似的。

下了楼，远望榕树，好几棵连成一片，像绿色的海洋。阳光洒在上面，反射出金色的光芒，就像贴上了金片，美丽极了！榕树正享受着阳光浴，这不就是太阳给它的恩赐吗？

我听说过长寿的龙血树，听说过见血封喉的剑毒木，但让我最惊奇的还是枝繁叶茂的榕树。它的树干真粗啊！怎样粗呢？三个同学手拉手，刚好抱住。它的树干真短啊，只有三四十厘米，上面的树枝向四处展开，像一个龙爪。它可真高啊，怎样高呢？大概有一幢楼那么高。榕树的树干真直啊！直得就像国王的权杖。俗话说："独木不成林"，唯有榕树可以"独木成林"，因为它是树冠最大的树，就像仙女撑着一把大绿伞。它重重叠叠的树枝间，漏下斑斑点点细碎的光影。叶子一簇堆在一簇上，不留一点儿缝隙，好像要把它的全部生命力展示给我们看。你看，无论是东边的那棵还是西边的那棵，都比盆栽的榕树显得有精神，真是"花盆里长不出苍松，鸟笼里飞不出雄鹰"！

刚长出来的气根挂在树枝上，年老的气根盘绕在枝干上，像一棵棵人参，也像一条条麻花。一阵风吹过，刚长出来的枝条气根像风铃似的随风摆动，榕树爷爷抚摸着那一大把胡须，似乎在乐呵呵地说："春天来了，万物复苏，真好！"绿叶微微颤动，像个绿色的摇篮，给我唱催眠曲。

树叶的颜色也各不相同，或浓或淡，有深绿的，有浅绿的，还有冬天落下的黄叶。它像个正在梳妆打扮的姑娘，深绿色的假发，淡绿色的胭脂，难道"她"准备参加选美吗？榕树无论是夏天还是冬天，都是苍翠挺拔，枝叶茂盛的。远看一片翠绿，像一朵硕大的西兰花，还像一个巨大的绿色棒棒糖，真是有趣！雨滴娃娃顽皮地吹着萨克斯，跨着欢快的脚步也走来啦！雨滴娃娃一个个迫不及待地蹦上了树叶，树叶就像是它们展示自己的舞台，而榕树在贪婪地吮吸着大自然给它的"恩赐"。在阳光的照耀下，在雨水的湿润下，在微风的吹拂下，在大家的关爱下，榕树长得越来越茂盛。

"烟虫"戒烟记

顾文捷

我的老爸，是一只与香烟结伴了十六年的"大烟虫"。我们全家老小都希望他与香烟"绝交"！这不，暑假前期，老妈决定与老爸打

赌——戒烟四个星期，如果坚持下来，"家委会"奖励两千元，如戒烟途中犯一次烟瘾，罚二百元，十次为止，抗议无效，如中途退出罚款四千元整。

于是，戒烟活动正式开幕。为使活动公开、公正、公平地顺利开展，我们"搜刮"了当事者——老爸身上的所有"中华"，没收了当事者的名牌打火机，与当事者的同事、各大香烟店老板（老板娘）、当事者的亲戚、好友进行沟通……

每天二十四小时，老爸都像是被N只眼睛盯住了似的，没有一秒抽烟的时间。

一次我与老妈布下"天罗地网"，等待老爸"上钩"。当老爸回家后，他习惯性地进行"地毯式"搜索，搜索香烟的足迹，居然在床底下发现了一根被我们"疏忽"了的香烟。只见老爸眼观六路，耳听八方，锁住门，打开窗，沾沾自喜地抽起来，哪知道有一台摄像机正在角落里悄无声息地记录着他"犯罪"的全过程……接着老爸又翻遍了我房间的各个抽屉，发现了一包"熊猫香烟"，正当他燃起打火机时才发现——点不燃，他捏了一下"香烟"，发现是硬硬的，才知道中了我与"军师"老妈的计，连忙将"粉笔牌"香烟放回原处，装作若无其事地走出了我的房间……

一星期后，老妈拿出三张老爸偷偷抽烟的照片，老爸像小孩儿一样，恋恋不舍地将六百元交给了"家委会会议长"——奶奶。晚上，老爸一个人出去"散步"，我"光明正大"地跟在他后面做"小狗仔"……老爸就好似一个被监管的犯人，总是无奈地摇头，长吁短叹不已。

老爸，我们不想为难你这个一家之主，只是希望你有一个好身体，希望你能长命百岁！有人说"香烟似鸦片"，你应该为了美好的明天而戒烟哦！

邮局探访记

浦阅洲

　　我是学校的一名小记者，今天，我和其他同学一起跟随金老师去邮局探访。

　　进了邮局的大门，我们先参观收发报纸的工作场。有一位叔叔在盖邮戳，这位叔叔一盖一推，动作娴熟，一会儿工夫，面前就是一大堆盖了邮戳的信件。叔叔看见了我们，就邀请我们一起盖邮戳，我们得到了一次体验的机会。还有一位叔叔在整理报纸，他左右开工，一只手把报纸塞进相应的柜子里，另一只手又重复着同样的动作，双手从来也没有停过。

　　第二站是邮局大厅。在解说员阿姨的带领下，我们尝试使用了取号机，它的用途是给前来办理业务的顾客发号，以便他们按顺序办理业务。它就像音乐家手里的指挥棒，在它的指挥下，熙熙攘攘的大厅变得井井有条。接着，另一位叔叔给我们讲解寄明信片的常识，他说："寄明信片关键是要正确填写收信人的姓名、地址、邮编，还要贴上相应面值的邮票。"他讲解后，给我们每人发了两张明信片做练习。按照这位叔叔教的方法，我给妈妈寄了一张明信片，希望她尽早收到。

　　最后是听曹老师的讲座。他高高瘦瘦的，头发里夹杂着少许白

发，看上去似乎有点儿显老，但是他的声音却很洪亮。曹老师在屏幕里放了一张大邮票，上面有女王的头像，他面带微笑地问我们："这是什么邮票？"我们你一句我一句，顿时炸开了锅，曹老师最后说出了邮票的名字，这张邮票叫黑便士，下面的英文"one penny"就是黑便士的中文意思。曹老师还告诉我们什么叫集邮，原来集邮就是收集邮票、邮戳。

结束了对邮局的探访、参观，我对邮局有了新的认识，它能加快信息的传送，增进人与人之间的情感交流，让我们的生活更便利、更和谐。

新来的语文老师

黄嘉宁

开学第一天，新老师来到我们班上，他姓陈，长得略胖，很有幽默感。陈老师问我们一个问题："班上有多少人？"这个问题太简单，同学们没举手就抢着回答，"57！""56！"教室里乱成了锅粥。陈老师说："我教大家六个字：'要开口，先举手。'来，大家一起读一遍。"

我们带着拖腔，说完"要开口，先举手"这六个字，陈老师马上把右掌贴在胸前，头微微一低，说："阿——弥——陀——佛——"马上就有同学接着说："善哉！善哉！"教室里响起一阵快乐的笑声！虽然同学们在笑，但大家都明白陈老师为什么做这个动作，他批评我们读书像念经呢！所以，我们又读了一遍后，才看见陈老师笑了。

陈老师又说："我知道，你们都想要了解我，下面我来答'记者'问，你们问什么都可以。"有的同学问："老师，你几岁了？"还有的同学问："老师，你教什么课？"……陈老师一一做了回答，可他却说："这些问题都太简单了，同学们，你们的问题能不能难点儿？"

陈老师说完，教室里突然安静了。过了一会儿，古应豪把手举得高高的，陈老师把他叫起来，古应豪大声问："请问陈老师，你觉得自己的为人怎么样？"这个问题一定可以把陈老师难住！没想到他立刻回答："如果我把自己说得太好吧，你们就会觉得我不谦虚；如果我把自己说得太坏吧，我又怕同学们把我当成大灰狼！"呵呵，陈老师真"狡猾"！虽然回答了古应豪的问题，但却没有任何答案。

陈老师的"狡猾"是聪明的表现，我们要多向陈老师学习。

大还是小

钱 洋

我上了六年级，自认为已是个大姑娘，可在大人们的眼里，一会儿说我长大了，一会儿又说我是小姑娘，我被搞得晕头转向，到底是大还是小？

星期天，我在外婆家玩。外婆戴着老花镜看报纸，眼睛几乎碰到了报纸。我走过去，轻声对外婆说："让我给您读吧！"外婆高兴得合不拢嘴，抬起头连声说："好啊，好啊！"于是，我清清嗓子，大声朗读起来。读完报纸，外婆把我搂在怀里，笑着说："丫头长大了，丫头长大了！"噢，外婆说我长大了！

从外婆家回来，我快乐地哼着小曲儿，觉得天更蓝，云更美，阳光也更灿烂了。到了家里，阿姨正在扫地，我蹦蹦跳跳地到她身边："阿姨，让我来扫吧！"阿姨说："你还小，扫不干净，快去别处玩！"我赶紧纠正："不，我不小了，刚才外婆说我已经长大了！""小丫头，那是你外婆哄你玩呢！"

星期一早上，爸爸、妈妈再三嘱咐我："丫头，你已经长大了，我们不在家时，你应该学会照顾自己……"一听他们说我长大了，我兴奋得跳了起来。可是到了晚上，我听见妈妈唉声叹气，连忙走过去关心地问："妈，怎么了？"妈妈看了看我，说："唉，你还小，大人们的事你不懂！"我立马争辩道："你们早上不是说我长大了吗？"爸爸也说："说你小，你就小，快去做你的作业！"

唉，我到底是大还是小？

妈妈的眼睛

李 凡

大家都说我的眼睛像妈妈，双眼皮，又圆又亮，像忽闪着的星星。是啊，妈妈的眼睛是我心中的星星。可是，万万没有想到，在我八岁的时候，万恶的疾病夺走了我的妈妈！从此，我心中的星星陨落了。我常常仰望着夜空，默默地流眼泪……

后来，我有了后妈。她的脸不像妈妈那样白皙，两颊还有几颗隐隐的雀斑，但她的眼睛却像妈妈的眼睛：乌黑的眼珠，水灵灵的，那睫毛又长又密，眼睛中饱含着慈祥和温情。不过，我对她总感到非常陌生，她的眼睛再明再亮，也难成为我心中的星星了。

说实话，后妈真的很关心我、爱护我。早上，她为我准备非常可口的早点，给我换上干净的衣服；晚上，还陪伴着我做功课，陪我进入甜美的梦乡。

人人都说后妈待我好，我也觉得她待我不错，但我总不习惯、不快活、不自在，我像小刺猬似的时时护卫着自己，甚至觉得爸爸也不像以前那样可亲了。

有一次，我想买《童话故事》，从后妈的钱包里拿了五元钱。事后，她问我拿了钱没有，我随后硬生生地说："没有拿过。"她久久地看着我，也不再讲什么。晚上，后妈给了我《木偶奇遇记》，像是自言自语地说："我多么希望有个诚实的孩子啊！"

我发现后妈的眼里的泪花，那是爱的责备，爱的悲伤。我的鼻子酸得厉害，心里痛责自己，往后绝不再让后妈为我这么伤心了。

去年暑假，我打扫房间发现地上有两元钱，就毫不犹豫地交给了后妈。她用惊异的眼光注视着我，突然一把搂住我哭了，我第一次情不自禁地依偎在她的怀里，一点儿也不想离开。

从此，我发现后妈慈祥的、有几颗隐隐雀斑的脸很美很美，尤其是那双比以往更明更亮的眼睛，像忽闪的星星。

呵！是星星，我心里的星星又升起来了！

疯狂的冰激凌节

　　傍晚，我踩着冰激凌铺成的小路回到家，发现餐桌上，已经有一大盘冰激凌在等着我，我眼睛一亮，奔向餐桌，狂吃起来，一个、两个、三个、四个……

飞翔的青春鸟

程　珂

"陶望，23票。"

"什么？23票！比我的高？怎么会这样？这群男生，真是的！不能因为只有他一个男生参选就选他呀。"

几天前，学校宣布要成立学生会，每个班推荐一个名额，没想到我们班的学生一个个都积极参与。最后，班级决定投票选举。然而，作为一班之长，我竟然落选了！

投票结果出来后，我心情沉重地将我们班的名单交上去。看着校长，我想说些什么，可话到嘴边却变成："校长，我们班已选好，名单给您。"出了办公室后，我暗自懊恼自己的胆怯和懦弱。

中午，在食堂，好友像是发现了我的异常，便问我："你怎么了？路过年级部的时候，你往里面探头探脑的，想找什么？""没什么。"我暗暗地将那份不甘和懊恼藏于心底。

回到宿舍，我一头扎到床上，校园广播又准时开始了，还是王洛宾的那首《青春舞曲》。"吵死了！"我烦躁地用被子捂住自己的耳朵。床"咿呀"了一下，像是一声痛苦而又无奈的呻吟，但嘈杂的音乐还是钻进了我的耳内，"美丽鸟儿一去无踪影，我的青春小鸟一样不回来……"猛然间，我脑海中闪过父亲曾和我说的话："年轻时，想做的事情就去做，不要让自己后悔。"瞬间，一种莫名的勇气涌上心头。

下午，当我再次路过年级部的时候，我深深地吸了一口气，走了进去。站到校长的办公桌前，我鼓足勇气说："校长，您好！我也想加入学生会，希望您能给我一次机会。"

校长抬起头，认真地看看我，若有所思地点点头，说："好，那你先去吧。"得到了校长的允许，我不禁瞪大了眼睛，这就成了？出了门，我忍不住嘴角上扬。

史蒂文森曾说："青春时期的任何事情都是考验。"对我来说，这是一场勇气和胆量的考验，我通过了。

我很庆幸自己去做了，也做到了。

微笑的魔力

张嘉欣

微笑是什么？微笑是给予弱小者心灵的一片爱的阳光，是乞食者心中的一块甜美的奶酪，是融化冰山的熊熊烈火……

无论是经受着风吹雨打还是沐浴着阳光雨露，无论是攀上了顶峰还是被困于巨谷深渊，生命的微笑总能感化潮湿的心情，抹去不悦的色彩。微笑，就有这么大的魔力！

海伦·凯勒是大家所熟悉的名人，当她在黑暗里碰壁时，当她用暴怒宣泄自己的恐惧时，正是沙莉文老师那微微的一笑，使她感受到了阳光般的温暖，从恐惧中摆脱出来。她说："温暖的阳光照在我的脸上，我的手指触到了鲜花和叶子，我意识到春天来临了。"于是，她凭着坚强的意志，成为全球盲聋人中第一个大学毕业生；她坚持写作，用行动演奏出精彩的生命乐章。

我也曾看过一个故事：男孩儿是学校有名的捣蛋鬼，令无数老师头疼，被他气走的老师也不在少数。这天，班里又来了个新班主任，而他因与同学打架再次被叫到办公室。令他奇怪的是，新老师做的第一件事不是骂他，而是默默地帮他处理伤口。许久，才微笑着抬头说道："我知道你不是坏学生……"最后，男孩儿成功地考上了一流大学。是什么改变了他呢？正是那抹温暖的微笑。

到这儿，我想起我的小学时期，那时我的成绩是相当差的，各科几乎全是不及格。在那个满是尖子生的班级，我是个异类，轻视的目光也是随处可见。偶然的一次，我的语文破天荒及格了，62分。语文老师微笑着对我说："我就知道你一定能及格！"那笑容里的信任与鼓励让我获得了希望，充满了自信。从那时起，我变得不一样了。

任何话语如果没有表情的支撑，绝对是空洞的，苍白的，没有说服力的。微笑就是这些表情中最美丽的一种。它能给人力量，鼓励人渡过难关。那么，别人对你微笑，赠送给你这么美的礼物，你该怎样回报呢？我告诉你吧——把对他人的感恩之情铭记于心，化为奋进的动力，用行动来告诉他们，你的微笑是值得的——这才是最好的回报啊！

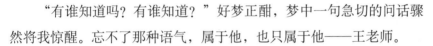

忘不了他

陈润文

"有谁知道吗？有谁知道？"好梦正酣，梦中一句急切的问话骤然将我惊醒。忘不了那种语气，属于他，也只属于他——王老师。

王老师，人如其姓，带着王者的严肃。他是我六年级的语文老师。印象中，他一头黑发，两鬓稍白，个子很高，背在任何时候都挺得笔直，常常不苟言笑。

他上课让人印象很深，语言不华丽，却总能精准地直击问题中心。当说到某个观点时，他不像别人一样一口一个"我认为"，而是语速缓慢地道："我以为，是这样的……"然后条理清晰地说明观点或道理。有一次他上课上到兴头上，干脆丢下书，快步走上讲台，双手比画着，试图复原课本上的情景，眼睛里闪动着神采，脸上甚至露出了罕见的笑容。忽然，他抛出一个问题，然后，看向同学们。没有人知道答案，大家都不由得低下了头。教室里一时间鸦雀无声。

为什么低头呢？怕！怕什么呢？怕他像刀子一样锐利的目光，毫不留情地刻在自己脸上。

他环视一周，脸色渐渐变差了。他双手背后，又提了一些启发思考的问题，急切地望着下面的同学。可依然没有人抬头。他的眉头越皱越紧，拧成了一个麻花。到最后几乎是喊出来的："有谁知道吗？

133

有谁知道？"可同学们把头垂得更低了，只是缄默，不知道他接下来会做什么。

他意识到不能挖掘出什么了，妥协似的收回目光。背在背后的双手黯然放下，转身，走上讲台，叹一口气说："都抬头吧。"然后便恢复了慢吞吞的语气，仔细地分析起来。很冷静，不带什么感情色彩，却让人拨云见日。望着更多的脸露出恍然大悟的神情，他双手在宽大的衣袖里颤抖着，视线似乎脱离了教室，望向更遥望的远方，再不是刀一样的锋利。

他渴望每个人都能听懂。

我曾见过的老师，温和者有之，古怪者有之，敷衍者亦有之。但我从未见过这样的人，他太认真，执着地等到所有人都低下头去。现在，每当我看到老师一上完课就拂袖而去的身影，眼前就会浮现出一个人的面容，眉头紧锁，目光犀利。也许做这样的老师很累，但总有那么一些人会记得他。

现在他已不教我了，但我忘不了他，在我心目中，他是个让人崇敬的老师。他的严谨认真，他讲课时的神情，永远刻在我的记忆里，散发着独特的光芒。

家乡的臭鳜鱼

刘翠羽

在黄山，臭鳜鱼是特别有名的一道菜。它是以优质的新鲜鳜鱼为原料，经加工腌臭而成的。臭鳜鱼虽臭，但味美，连一些不爱吃鱼的人都说好吃。它肉质非常细嫩，营养价值特别高，不仅富含蛋白质、脂肪，还含有钙、钾、镁等微量元素，深受人们喜爱。

臭鳜鱼非常重视味道，而腌鳜鱼的关键就是味道。只有把鳜鱼腌制好了才能做出好的臭鳜鱼。如何才能做出闻着臭而吃着味美的臭鳜鱼呢？

第一步，必须要选一条新鲜的鳜鱼。用新鲜的鳜鱼腌制出来的才是好的"臭"鳜鱼。最好选用鱼身黄绿色、腹部灰白色、体侧有不规则斑块、差不多有成年人一个半手掌那么大的、一斤多的鳜鱼。

第二步，宰杀活鱼。和宰杀普通的鱼一样，把鳜鱼的鱼鳞和内脏除去，用清水洗净，沥干。

第三步，也是最为关键的一步，那就是腌制。在宰杀、洗净、沥干水分的鳜鱼表面，根据自己的口味轻重，用手抹上一层适量的食盐即可。然后把涂好盐的鱼整齐地码放在桶里——以木桶为佳，只有木桶才能最大限度地保证原汁原味。最后用大石头直接压在鱼的上面，压紧，并将木桶放到阴凉通风的地方——太热、太干的地方鱼会变成鱼干的。当然，桶口要盖点儿东西防苍蝇之类的蚊虫，而且每隔一天就要把鱼上下翻动一次。

一般情况下，10℃～30℃的气温都可以腌制臭鳜鱼。在这个范围内，温度越高，腌制的速度越快。当温度在10℃～20℃时，需要腌7～8天；温度在20℃～25℃时，腌制时间为4～5天；温度在25℃～30℃时，只需要2～3天就能达到臭的效果。当然，如果你口味重，可以选择多腌一段时间。

臭鳜鱼不仅重味，还很重色。刚腌制好的鳜鱼不能直接吃，还必须再配上一些大蒜、生姜、彩椒、碎肉丁、酱油一起烧制，进行着色。烧制过程和其他鱼差不多，当鱼身呈金黄色时就把鱼翻一个面。等两面都呈金黄色时，再加入少许水和白砂糖，等糖化了就可以起锅了。

起锅时，先把鱼铲出来摆在盘中，再在鱼汤中加入一些淀粉汁，快速搅拌至汤汁有一些黏稠时立刻舀出，并将汤汁从鱼头到鱼尾浇个遍。最后，还可以在盘上撒一些香菜。这不仅可以让菜的颜色更好看，还可以提香。

刚出锅的臭鳜鱼可以说是件工艺品：鳜鱼表面呈红色，红中透露出一丝黑色。和彩椒、大蒜等作料一配合，鱼原本的腥味就不复存在了。尽管臭味还在，但那已经是一种让人食欲大增的美味了。

这就是安徽黄山的臭鳜鱼。虽然离开家乡多年了，但我一直没有忘记家乡臭鳜鱼的味道，一直想着什么时候再回家乡吃一次臭鳜鱼。

平安是福

侯新宇

俗话说：平安是福，生命是宝贵的，每个人都拥有宝贵的生命，我们要十分珍爱它。

不久之前，我无意间从网上看到小悦悦因交通事故而失去幼小生命的新闻，一个年仅三岁的小女孩儿，还没来得及享受生活的美好，就匆匆地离开了人世，我不禁感慨万千。

类似这样的事件数不胜数。记得有一次，我们全家去苏州旅游的路上，一辆大卡车不遵守交通规则闯红灯，恰巧一辆摩托车横穿马路，刹那间两车相撞，发生了悲剧。摩托车司机当场死亡，大卡车司

机也受伤被送往医院，

据统计：中国平均每六分钟就有一人在交通事故中死亡。其实，这样的交通事故是可以避免的，车辆遇到红灯必须停下来，在转弯的时候，行驶要放慢速度，出行尽量靠右侧，不在慢车道行驶。禁止司机酒后驾车，做到开车不饮酒，饮酒不开车。只有遵守交通规则，才能保护生命，让每个家庭平安、美满。

我恨那些撞人的司机、醉酒驾车的司机，更恨那些肇事逃逸的司机。他们难道没有想过，图自己一时爽快，酿成了多大的恶果。当他们的双手被铐上了手铐，或者在法庭上听到受害亲人的哭诉，也许他们才有所醒悟，可是"一失足成千古恨"，这世界上没有后悔药，到那时后悔就晚了。

老舍先生说过："生命是不容易得来的，也不能轻易地舍掉。"让我们做到高高兴兴出门，平平安安回家，共建美好的平安家园。

137

老师的恐吓作业

徐梦莎

"丁零零……"伴随着清脆的铃声，紧张的一天学习生活结束，老师像往常一样走进教室，布置回家作业。

"快把作业记录本拿出来，认真记下来，不许发出任何尖叫。"

"一、完成《语文天天练》期中B卷。"

哼，我暗暗自语，一张试卷有什么大不了的，二十分钟就可以搞定啦。

"二、默写一至五单元的词语。"

"啊！"个别同学叫了起来，干吗这么大惊小怪！双休日，怎么可能只有一项作业呢？两小时应该也可以OK了。

"三、默写第七课四、五两节课文。"

"天哪！"再次有人发出了尖叫，大家开始骚动起来，议论纷纷。老师还是一脸的严肃，好像什么事也没发生。我也坐不住了，第七课是《金蝉脱壳》，第四节的内容很多，差不多有四百字，再加上第五节，少说也有六百字啦，况且还是默写。唉，本来妈妈答应做完作业带我去大润发购物，现在可要泡汤啦。

"四……"

什么！还有四？老师前不久身体不好，是不是被魔鬼附身，光语文就这么多，再加上英语、数学，还让不让我们活啦？

"阅读课外书，并写一篇读后感！"老师完全没有理会我们，她提高了声调说。

138

"不会吧！""太过分了吧！"……教室里简直要爆炸了，同学们有的噘起了小嘴巴，有的嘟囔着，有的干脆放下了笔，侧坐着身子，一副想要罢工的样子。这时，有个精灵鬼开腔了："别说话了，老师的绝招你还不知道，声音越响，作业越多！"经他一提醒，大家似乎都明白过来，只怪自己刚才太冲动了。教室里立即鸦雀无声，大家面面相觑，仿佛不是在等待作业，而是在等待审判员的最后的宣判。

"怎么不叫了，继续说啊！你们不说，那我来说……"老师环顾了大家，突然露出诡异的一笑，严肃的表情一下子变得温和起来，一字一顿地说，"以上作业——全——部——取——消！"

什么？什么！这是老师的恐吓作业！"耶！"大家齐声欢呼起来。老师向我们道出秘密，她一直说我们的作文写不好，不知怎么描写心理活动，让我们通过这次体验写一篇作文。呵，老师真是教学有方，经她这么一恐吓，我终于完成作文啦！

我发现了克隆人

周嘉悦

你是否相信这世上有克隆人，昨天晚上，我就看见了许多克隆人，这世界真乱套了呢！不信？听我来说一说吧。

"爸、妈，我回来了！"我像往常一样回到家中，进入房间看会儿电视，但却发现了另一个"我"，正跷着二郎腿坐在沙发上"享受"呢。

我气愤地把书包一摔，瞪着眼睛看着她，大吼道："你是谁呀！敢抢本小姐的'宝座'！"她不屑地转过头："我是周嘉悦，请放尊重点儿，别坏了本小姐的好心情！"

我火冒三丈，揪着她的头发不放："敢冒充我，哼！"她从口袋里掏出一张身份证，理直气壮地反驳："我有证件！"我一把抢过来，又取出自己的对照，天哪！竟然一模一样！

她又瞥了我一眼："现在这张身份证，两三元钱就买得到了！"难道我的身价只值两三元？我一下子呆了，跌坐在地上。

"爸！妈！把这冒牌货赶出去！"那克隆人嚣张极了。

接下来的事让我目瞪口呆：两个妈妈抬起我的脚，两个爸爸抬起我的头，把我"搬"了出去。

出了家门，我无奈地蜷成一团靠墙坐下，当我回过神来，简直不敢相信自己的眼睛，满大街的人都有自己的克隆品，中国十三亿人就要变成二十六亿人了，这该怎么办？

就在这时，商场的大屏幕上出现了两位同样的新闻主播！她们同时说道："亲爱的观众们！大家好，哇哇博士最近研制出一种克隆菌，全国人民都有自己的克隆品，大家是否很兴奋呢？"

我仰天长啸一声："不——要——啊——"你们认为有克隆菌是福还是祸呢？

山村美景

仇艺凡

清新的空气，翠绿的树林，"哗哗"流淌的小溪，成片的长满庄稼的梯田，空中飞翔的鸟儿和院里的家禽，以及勤劳的人们，构成了乡下的美丽风景。这种田园美景对我并不陌生，姥姥就住在拥有这美景的山区农村里，每年我都有机会去欣赏山村的美好风光。

早晨，太阳还没有升起，天空刚刚泛起鱼肚白，我便走在了乡间的小路上。农村的空气不像城市那样浑浊，尤其是在早晨，格外清新，呼吸着这样的空气，心情更是轻松舒畅。远处是一片片绿色田野，果树和花朵上还沾着晶莹的露珠。天已经完全变白了，太阳慢慢地升了起来，阳光洒满了乡村大地，乡村的人们也开始了一天的忙碌。我吃着舅妈自己磨面蒸的馒头，自家菜园子里种的豆角炒的菜，确实比城里买的好吃多了。

上午的时候，人们都下地去干活，我留在院子里。大黄狗懒洋洋地趴在阳光下，半闭着眼睛，母鸡带着小鸡到处找食吃，从院里跑到院外又跑回来，跑来跑去也不嫌累。快到中午了，猪在圈里"噜噜"地叫，牛也"哞哞"地喊个不停，人们陆陆续续地从地里回来，喂完猪、牛、鸡等牲畜，吃了午饭，不一会儿就到了下午。

下午的活儿是拔地里的野草，我也跟着一起下地。爬了一段山路就到了田间，拔地里的野草要连根拔出来，野草的根很长，也许是力气小，我总是将草拔断了。这样过不几天，野草就又长出来，影响庄稼的生长。我放弃了拔草。坐在高处看起了风景，远处是连绵起伏的山，山上有各种不同的颜色，绿色的是树和农作物，黄色的是油菜花，蓝色的是大棚或湖水。近处是一片片梯田，不时有不知名的鸟儿飞过，田里的小虫不停地演奏着大自然的交响曲。我已经陶醉在这风景中了。

夕阳的余晖染红了天空，人们停下田间的活回家，等我回到庭院里，天已经暗了下来。月亮挂上了天空，星星又多又亮，洒在蓝得发紫的天空中。我在城里从来没看见天空这么多星星。也不知道天空原来这么美。吃晚饭的时候，家人把桌子抬到院子里，借着月光和闪闪的星光，边吃边拉着家常话，真比那烛光晚宴还强上许多倍。晚上，我躺在床上，听着屋外各种各样小虫子的鸣叫，偶尔传来几声狗吠，在这美妙的大自然的乐声中，慢慢地进入了甜蜜的梦乡……

寒风中的温暖

王都颜

又到冬天了，太阳像是裹了一层保鲜膜，从东跑到西累得气喘吁吁也没给我们留下一点儿温暖。风真讨厌，无孔不入地摧残着我们这些"祖国的花朵"，仿佛只要一开口就会连胃里都灌满了那噬魂的寒意。我一整天都没怎么动，窝在座位上，只期盼明天不要这么冷。

终于放学了，我在心中给自己催眠了半个小时，才鼓起勇气走出了教学楼。赶尽杀绝的寒意迎面而来，跑是不可能的，一跑就会给风留下可乘之机，只能用"游击战"了。

路灯早就亮起来了，可我根本没感觉到小说中描写的"昏黄"啊、"温暖"啊这些东西，只觉得那惨白的灯光在寒风中显得更加可怜，仿佛快要灭了一样。正考虑要不要买两个包子暖暖胃，远远瞧见小吃店里密密麻麻的身影，又犹豫起来。这一犹豫可好了，风更加肆无忌惮地吹着，把一切能吹起来的东西都卷到天上，然后在重重地摔下来。我认命地叹了口气，转过身准备回宿舍，眼角瞥到一抹高大的身影，我惊喜地叫了起来："爸爸！"

爸爸回过头，大步向我走来，用羽绒服把我裹住，替我拉上拉链，"冷不冷？"我点点头，爸爸拉开自己胸前的拉链，小心翼翼地从怀里掏出一个饭盒，用左手护着放在我手里，宠溺地说："星期五

你说要吃面，没有做，星期六、星期日两天你又没在家吃饭，妈妈知道你不开心了，让我给送来……天这么冷，吃点儿面也暖胃，还是热的，赶快回宿舍吃！"不等我答话，爸爸又叮嘱我："赶快回去吧，面要趁热吃，胃不好不许喝冷水，晚上睡觉别踢被子……"

爸爸看着我上了楼，一副不放心的样子。我抱着饭盒走到楼梯拐角处，没有了爸爸在我身边，风又得意洋洋地把我包围，在我耳边呼啸。然而，我并不觉得怎么冷了，我只觉得，我的世界漾满了幸福，怀里的饭盒传来一阵阵幸福感，上面有爸爸妈妈对我的爱的温度。

偶　　遇

柯云轩

走出地铁站。

虽刚过五点，天已昏暗。雨一直下，周围没什么人，只有不远处的车灯。等了一会儿，见雨并无停歇之意，披上外套，我叹了口气，决定向雨中走去：月考、排名什么的，都随它去吧！

前方昏暗的灯光刺破黑暗。我以为是汽车，但仿佛若有香。越来越馥郁的油炸香气撞击我的鼻，诱惑我的胃。我三步并作两步，朝那光明奔去。

原来有个卖肉夹馍的路边摊。一眼看见热油中翻滚着的馍片——那金黄色的酥脆的外皮！那不时飘来的甜腻的麦芽香！

"吃点儿什么啊，小兄弟？"从摊后实时探出一张微笑着的慈祥的脸。我指了指馍片："来一份肉夹馍，不要辣。""好咧！"说时迟，那时快，只见老人麻利地从储物袋中掏出一块面饼，用特质的小刀将其从边缘处剖开，近乎一分为二，丢入油锅。一阵杂乱的"啪啪啪"之后，新鲜的麦芽香腾空而起。隔着油锅，我继续端详着老人：眼角的皱纹，如刀刻般深刻；眼睛不大，却炯炯有神。最吸引我的，还是她嘴角的微笑。

"您老今年多大？"不知是出于对美食的膜拜，还是对微笑的信赖，我居然打听起老人的年龄。一语既出，满脸尴尬，好在老人的注意力全在油锅里。她一边麻利地翻动着面饼，一边见缝插针地给我预备那些辅肉和菜叶。她还不忘分出一点儿心神来回答我："快七十了。"一听，我刚刚的尴尬，全换成了惊讶："快七十啦！？这么大岁数，干吗不在家享清福？孩子干吗去了？"

这次，老人并没急着回答，依然满脸微笑，只是眼角似有晶莹之光。我立马懊悔，不敢再多言。

接过老人刚装袋的肉夹馍，我掏遍口袋，却发现除了一张市民卡，再无其他，尴尬又回来了。正不知如何应对，老人微笑着询问："钱丢了，孩子？"我狼狈地点头。雨下得似乎更大了，老人过来帮我拉了拉头顶上面的挡雨板："没钱就算了。摆摊这么多天了，你是唯一一个主动问起我孩子的人。现在雨这么大，不如就在这避一刻雨，刚好陪我聊聊我的孩子。"

原来，老人的孩子毕业于河海大学，也娶妻生子了。本是非常幸福的一家，却在一个午后突然传来儿子因工程事故意外丧生的噩耗……老伴受不了刺激，从那时起就卧病在床……为了支撑起这摇摇晃晃的家，老人选择告别安逸，只身守着这个路边小摊。

叙述当时，除了眼角的晶莹之光，老人语调很是平静，脸上还挂着那抹招牌式的慈祥的微笑。我惊诧于老人的笑了！她似乎也觉察到了这一点，轻叹之余，继续笑："事已至此，何必埋怨？儿子走了，老伴儿伤心成那样……我不能也因为伤心，让自己走在他前面吧？何况，儿媳和孙子也要人照料……"

和老人道别后，我心里久久不能平静：人生路上，还有什么抵得上"老年丧子"带来的摧残？苦难是一所大学，老人的生活如此艰难，却还在微笑中坚持……我的月考、排名，又算得了什么？

一念至此，雨中的我，不禁加快了脚步。

习惯优秀

郑晓青

小时候，我们渴望得到老师手中那张泛黄贴纸上的小红花。然后拼了命地干一些让老师赞扬我们的小事，扬起头，接受那朵异常珍贵的宝物。长大了，我们懂事了，明白了，那些当年让再回想起的我们面红耳赤的事，是多么可笑。可是，在我们的潜意识里，却是隐藏了那份习惯，那份优秀。

我们不再做一些小事故意让老师表扬，然后在同学们的注视下昂起头微笑。我们也不再愚昧地等待那朵一块钱就能在商店里买到几百朵的小红花了。这样确实很好，证明我们长大了。可是，那份优秀的习惯又何去何从了呢？

记得一次因做了一件对我来说很小的小事情，却出乎意料地被老师添油加醋地表扬了一番。我感到不好意思，面部剧烈地"燃烧"起来，耳根也红的像报警器。深深地埋下头，想要降低自己的存在感，可是越是如此越引人注意，以致被人误会为做作。其实无论是我，还是你们，都会有这样的心理。少年的懵懂、反叛，让我们学会拒接优秀带来的表扬；而恰恰好这份拒接，会让我们和优秀渐行渐远。如今的我，面对老师的表扬，仍会红了耳根，云淡风轻后却是汹涌澎湃。可我不会拒接这份表扬，因为它是我用优秀换回来的，是我值得拥有的。

朋友们啊，你也是否有过这样的时刻？你也是否有过这样的心理？那么就勇敢地去迎接吧！去迎接属于你的表扬，带着你的优秀。你的光芒，将会无尽地展现，然后慢慢地感染他人，让他人为你鼓掌。所以，习惯优秀吧！习惯在聚光灯下的笑容，习惯在众目睽睽中的勇敢，习惯那份被你掩埋的优秀。然后将它们散发，让自己成为夜空中最亮的那颗星星。我相信我可以，你也可以相信你可以。

习惯优秀吧，如果不是过去，那么就让它从此刻开始！

花的容颜

郝　晖

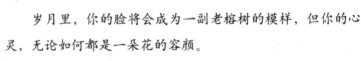

岁月里，你的脸将会成为一副老榕树的模样，但你的心灵，无论如何都是一朵花的容颜。

——题记

听别人说，妈妈曾经的模样定格在十五六岁花季。一张瓜子脸，容貌甚美。清澈明亮的瞳孔，弯弯的柳眉，长长的睫毛，白皙无瑕的皮肤透出淡淡红粉，薄薄的双唇犹如玫瑰花瓣，可称人见人爱，花见花开。

自从我来到这个世界，妈妈面容憔悴，水汪汪的大眼睛显得低垂。我小时候是个淘气鬼，经常让妈妈操心。

记得三年级时，作业不写，上课开小差。老师好心提醒，我还顶嘴，甚至咄咄逼人。老师无奈，把家长叫来。妈妈到了，额头上豆大的汗珠在两颊闪动，显然妈妈是匆忙赶来的，妈妈狠狠地瞪了我一眼，就走进办公室。这次完了，回家后一定会挨打。

突然传来妈妈和老师的对话。

"你这孩子我们可管不了了，他自己不学习也就罢了，还打搅其他同学写作业，还说脏话，还打人……"妈妈连忙道歉："老师，老师，对不起，保证没有下一次，你不知道，学习对他太重要了。我和他爸都没文化，我们吃尽了没文化的苦……"只听老师说了声："好吧！"

回家后，妈妈没我想象的那么凶，坐下来和我说："儿子，我求求你了，无论妈妈做什么，只要你好好学习就行！"我看着妈妈着急的汗水，闪烁的泪花，我抱紧妈妈哭了，竟然发现妈妈有了些许的白发。

如今我成了师长眼中的"好孩子"，岁月在母亲的脸上无情地刻上了深深的痕迹，毛糙蜡黄的皮肤使她看上去比实际年龄大很多。此刻，手中的笔停住了。

灯光下映出母亲柔弱的身影，那微微弯曲的脊背，那疲惫的神色，还有那一双龟裂的手，泪水充斥了我的眼眶。

岁月里，你的脸将会成为一副老榕树的模样，但你的心灵，无论如何都是一朵花的容颜。

爬山虎的秘密

杨正琦

姥姥家楼的侧面有一大片爬山虎，密密层层地遮住了一面墙，像给楼房穿上了一件绿色的衣服，非常引人注目。

爬山虎紧紧地趴在墙上生长，脚下是很小的一片土地，长不过一米，宽仅有十几厘米，而且土质很差，有很多小石子。可就在这样艰苦的环境下，爬山虎还长得非常茂盛。几根粗大的茎秆直伸到楼顶，就像结实的树藤。我抓住其中的一根使劲儿往下拽，爬山虎纹丝不动。

爬山虎的一个叶柄上长着四片或五片叶子，每一片叶子都是卵形的，五片叶子围起来，就像一朵花。秋天，爬山虎的老叶子都变红了，连叶柄也变红了，像葡萄酒的颜色。而新叶还是嫩绿的，只可惜在这个季节，新叶已不多见了。有几枝爬山虎爬到了电线上，又垂下来，像一个挂饰。一阵风吹来，"挂饰"就来回摇晃，像一个被打了两拳的沙袋。在叶落的地方长出了一串串种子，颜色乌黑，就像一颗颗黑珍珠。

爬山虎是靠什么爬到楼顶上的呢？我仔细地观察了一番，终于得出了答案：是靠它的脚。爬山虎的脚刚长出来是嫩绿色的，又细又软，让人感觉这样的脚根本趴不住墙。可是它的脚越长越硬，颜色也变成棕色的了。在脚的末端长出了小圆片，小圆片就像吸盘一样，伸进石子墙的缝隙里。爬山虎就是这样一脚一脚往上爬的。我试着拔掉它的脚，可一使劲儿，连小石子也被扯了下来。爬山虎的脚可真有劲儿呀！

这一片爬山虎无人照料，却长得如此茂盛，生命力是多么顽强呀！它不停地往上爬，像是在告诉我们：只有勇攀高峰，才能取得成功！

江南水乡古镇

孙　皓

同里是名副其实的江南水乡古镇呀！

下了车，我立刻被这儿的古色古香吸引住了：古老的房子，古老的店铺，古老的旗帜，连人们的穿着看上去都那么古老，女人们还穿着绣花鞋，身穿蓝印花布做的衣服哩！

御　史　府

御史府里，亭台楼阁掩映在绿树丛中，精致典雅。

假山上有几块裸露的太湖石，山顶上有一个小亭子，山脚下还有一个大水池呢！用千奇百怪的太湖石堆成的假山像个人间仙境，仿佛上面还住着神仙。从山洞里穿过，里面弯弯曲曲的，好像曾经有一条龙在里面住过。

假山脚下的大水池，可是后花园里的一个亮点。水池上有一座弯弯曲曲的小桥，人们站在小桥上正在喂鱼，鱼儿都来抢食吃，挤来挤去，逗乐了人们。我也买了鱼食喂了起来。看着这群饥饿的小鱼，我慷慨解囊，毫不犹豫地倒入半袋鱼食，鱼儿就在我面前大吃了起来，有的鱼儿竟然打起架来了。它们扑打着，游动着，跳出水面，溅了我一脸水。

退 思 园

妈妈说："不到退思园，就等于没到同里玩。"退思园真的这么了不起吗？

退思园是它的主人当官回来后建造的私家花园，取名退思，有退而思过的意思。退思园是横向建造的，这与别的房屋不同。窗户的形状多种多样，有五边形、六边形、菱形、梅花形……我还发现：从每一扇窗户向外望去，都可以看到窗外栽种着花草树木，从哪个角度看，都是一幅美丽的山水画，所以我们不管身处何处，都会感到神清气爽，一身轻松。这也许是苏州园林的一个特点吧！

用"人间天堂"形容同里真是一点儿也不过分！

150

我"撞脸"了

戴麟琪

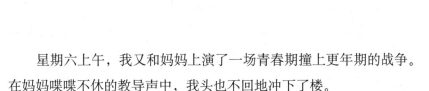

　　星期六上午，我又和妈妈上演了一场青春期撞上更年期的战争。在妈妈喋喋不休的教导声中，我头也不回地冲下了楼。

　　来到小区，我心情沉闷地坐在长凳上。这时，迎面走来一个小女孩儿，居然和我长得一模一样！对我说："你和妈妈吵架了吗？"我心里一惊：她怎么知道的？难道她也是一个想逃出妈妈"魔掌"的小孩儿？

　　"是的，她不要我了……"我声音很是低沉，不仅仅是因为难过，也有喉咙难受的原因。见我情绪低落，小女孩儿诡异地笑道："我也和妈妈吵架了，既然我们长得这么像，又都不喜欢自己的妈妈，待会儿我们就互换身份回对方的家吧！""这主意不错，反正我也不想回家，捉弄她们一下，出口气也好！"

　　转眼间，快吃中午饭了。妈妈呢，居然没下楼找我。这更加坚定了我不回家的决心。在告诉对方各自家的楼层、房号，并商定下午在原地会合后，我来到了那个新家。

　　一进门，"妈妈"和善地对我说："怎么样，出去透透气心情是不是好一点儿了？快洗手吃饭吧！"她一边说，一边用手摸了摸我的额头。我顺手挡了一下，一个陌生女人摸我的头，我可不习惯。"你的脸这么红，是不是发热了？""妈妈"又关切地来了一句。

"没有。"我依然很烦躁地回答。"妈妈"呢，放下手中炒好的菜，赶忙为我量体温。一边量，一边自言自语："家里好像没有退热药了，该去买一点儿了！"夹着体温计，我心里有点儿小感动：好像我的妈妈也是这样对我的……我今天是不是有点儿太过分了？为了吃薯片这么点儿小事就和妈妈吵起来了。想着想着，我突然有点儿想立马跑回家的冲动，但转念一想：机会难得，还是先看看别人家的妈妈是怎么对待自己的孩子的……

我继续伪装起来。一会儿，体温测量完成。"38.5度！""妈妈"大叫起来："叫你不要吃薯片，看，现在发热了吧！肯定是扁桃体又发炎了！"原来，她也是因为这事和妈妈吵架呀！怎么天下的妈妈都一个样？她在我们家是不是也在量体温呢？

"小茜，快醒醒！你有点儿发热，家里没药，要去刘医师诊所！你这孩子，实在是不听话！跑下楼去，居然就睡在小区长凳上！赶快起来，去诊所！"原来，是妈妈向我妥协，把睡梦中的我背回了家——我只是做了一个去别人家的美梦而已！

"天底下的妈妈都是一个样，哪怕有时看起来太过严厉，甚至有些'无情'，但她们的出发点只有一个——那就是爱！"看着着急的妈妈，再想想睡梦中那个和我撞脸的小女孩儿，我心里很愧疚，但更多的是满满的幸福……

遇到二十年后的我

崔　璟

　　"丁零零……"我正一个人在家看电视，电话突然响了起来，我以为是妈妈，就接了起来，可电话里却传来一个陌生男子的声音，他急匆匆地说："崔璟，赶快，快下楼！"我警觉起来："你是谁！为什么给我打电话！""别问了，我的时间有限！下来你就知道了！"那名男子用最快的速度说完这段话。我赶紧穿好衣服，把仿真手枪、弹弓装到衣服口袋里跑下了楼！

　　我一下来就吓了一大跳，只见一艘UFO出现在我面前，一个电梯从上面伸了下来，一名男子走了出来，他走过来紧紧地握住我的手说："你好，崔璟，我是崔璟，很高兴见到你。"我呆住了，难道是克隆人？那个假崔璟说："不要害怕，我是未来的你，走，跟我去看看二十年后的世界！"说着，就不由分说地把我拉上了飞船。只听耳边一阵电闪雷劈，我眼前一黑，就来到了未来。

　　一下飞船，我就问他："你到底是谁啊？"他说："我真的就是你，只不过是二十年后的你，我现在是科学家，曾多次获得诺贝尔奖！"我将信将疑，突然我的眼前出现了一个大大的游泳池，还有过山车、激流勇进、碰碰车等游乐器材，我问"崔璟"："这是哪儿啊？"他说："这是你住的小区啊！"我大声说："这哪是住宅区啊？分明是游乐场嘛！"

　　这时，我发现在茂盛的树林里隐隐约约有几栋楼。每栋楼都安装了微型太阳能高速空调！真没想到，在短短的二十年的时间，人们的住宅发生了如此巨大的变化！我们走进了小区，来到了我未来的家，一敲门，妈妈就迎了出来，哇！这哪是二十年后的妈妈，简直跟三十岁的人一样，我问"崔璟"："这是怎么回事？""这是因为妈妈服用了我研制出的一种转变基产品，这种产品能使人的衰老速度减为正常的10%。"我正要进屋，一扇激光壁出现在面前，让确认指纹，"崔璟"说："试吧，我们的指纹一样，你能进去的！"我试了一下，果然可以！

　　可是屋里空空如也，没有一件家具，我想：这没有沙发，让人怎么休息呢？还没想完，地上"嗖"地冒出来一套进口名牌沙发！原来这种智能住宅，只要指纹确认成功，你想用什么东西，它便会出现在你面前！真没想到自己的家会变成高科技住宅，我恋恋不舍，好想现在就住上这个房子，当然，我也明白，那是不可能的事！

　　我们走出了小区，来到大街上。发现街上没有一辆车，我就问"崔璟"："这儿怎么没车啊？"他却慢条斯理地说："别急！看天上！"我抬头一看，妈呀，空中全是汽车，可是却不排放尾气。我用刚买的资料手表查看了有关资料，原来它们是太阳能汽车，平时边飞边补充能量，到了阴天和夜晚则用那些积蓄的能源进行飞行！

　　这时，"崔璟"说："时间不早了，你赶快回吧！再不回，爸爸妈妈要着急了。"说着，又把我送了回来，我想：我不能满足这样的情景，我要更加发奋努力，把世界建设得比已知的未来更美好！

疯狂的冰激凌节

傅 瑶

"啊——嘘！哇，好冷啊！"

这是怎么回事？我擦亮眼睛一看，家里所有的装饰都变成了冰激凌，时钟是冰激凌，枕头是冰激凌，整个房子都变成了冰激凌！今天是什么日子？哦，原来，今天是一年一度的冰激凌节！

早晨，我背着书包走出家门，顿时愣住了，整个世界好像披了一件冰激凌的风衣，地上、树上、墙上全都是冰激凌，看得我都不忍心踩到地上去。

"哗哗哗……"

天空中下起了雨，可是，下的并不是一滴滴小水滴，而是一个又一个冰激凌：香草味的、奶油味的、草莓味的……红的、绿的、五彩的，真是应有尽有。我伸出手，接住了一个冰激凌，放进嘴里，一股甜甜的、凉凉的味道在我的舌尖打转，像有一个小冰人在我的喉咙里跳舞，直沁入我的肺腑。

回味着这些香甜可口的冰激凌，我差点儿忘记了时间，一看手表："啊，八点了，快迟到了！"

我狂奔到学校，打开书包，顿时傻眼了——书包里的书不见了，里面全塞满了冰激凌。可是老师已经进了教室，无奈，我只好将冰激凌拿出来，一不小心，将冰激凌的蛋筒皮弄破了，冰激凌就像一本书，一页一页地翻开来，我顿时大喜！

"同学们，请你们坐好，这一节课我们一起来研究冰激凌的味道。"老师笑眯眯地对我们说，还从纸箱里拿出一个个冰激凌发给我们。

咦，今天怎么回事？怎么我们不学习语文数学，学起冰激凌来了？今天的冰激凌节啊，真是太酷了！

后来，我们还上了冰激凌配制课、冰激凌变味课、冰激凌历史课……

中午，我们一边吃冰激凌一边听广播，有一则广播令我们全班都震惊了——全市的道路上没有一辆汽车！怎么回事？今天又不是无车日！原来，今天由于地上全是冰激凌，汽车的轮胎打滑，无法行驶。看来啊，冰激凌节，有好处也有坏处啊！

傍晚，我踩着冰激凌铺成的小路回到家，发现餐桌上，已经有一大盘冰激凌在等着我，我眼睛一亮，奔向餐桌，狂吃起来，一个、两个、三个、四个……

这真是一个疯狂的冰激凌节！

我只有一厘米高

陈洗凡

早上，我一觉醒来，发现自己被罩在一片黑暗的世界里。没有光，也没有风，十分闷热。我吓坏了，什么也不管，一股脑儿地向前冲。

终于发现了有光的地方，刚从门缝里挤进去，我惊呆了，面对这个熟悉的环境，我无语了，这竟然是我的卧室！天啊，我跳到桌上，用尺子量了下自己的身高，发现自己竟然只有一厘米高。我该怎么办？去找妈妈来看看吗？不，我现在这么小，妈妈怎么可能会相信呢？我应该待在这儿，让其他人来营救，或者去冒险？对，去冒险！也许我可以成为像"闪电侠"那样的英雄！可是我现在应该去哪儿呢？也许我应该出去逛逛，看有没有让我这个英雄大显身手的地方。

第一关，楼梯风波。

我来到门前，刚准备下楼，就摔了一个大跟头。原来由于过度兴奋，我完全忘记自己已经变小，要知道，平时我走这个楼梯，可是一步跨两个台阶，但现在就不能这么威风了，跳两步下一级还行。可细细算来，这几十层楼梯，可不是这么容易过的，没办法，只好启动"超级风火轮"——连滚带爬了！

第二关，蛛口逃生。

我来到草地上，正走着，突然发现一只张牙舞爪的蜘蛛向我逼近。我吓坏了，不管三七二十一向前跑，蜘蛛跟了上来，跳到我面前，向我吐丝，直到把我缠得结结实实。我惊吓过度，昏了过去。

当我醒来时发现自己被绑在蜘蛛的网上。正当蜘蛛要享用美餐时，一个小男孩儿发现了我，他用手拿起了我，把我装在一个盒子里。我这才"蛛口逃生"。

第三关，最后挑战。

小男孩儿把我带回家，打开盒子，我一下从盒子里蹦了出来，落在他的鼻尖上。对我来说，他可是个巨人啊，想胜利，得用智慧。一个点子从我脑中闪过："有办法啦！"我从口袋里掏出一颗芝麻，扔在桌上，吸引他的注意力。方法果然有效，他看见芝麻，以为是只小蚂蚁在爬，根本没理我，趁机，我飞快地跳下桌子，往家跑去……

"起床啦！太阳都晒屁股了，快起来！"妈妈朝我大喊。我一下子惊醒了，呆呆地望着四周，希望有什么奇迹发生……

衣服要革命

张秋雯

乱哄哄的声音从远处挤了过来，到底发生了什么呢？

服装王国的臣民在人类中使用广泛，可日久天长，他们越发地没劲起来。因为如果衣服坏掉了，就会被当作废品扔掉。服装王国的臣民决心效仿人类，举行大革命。

服装王国的女王貂皮大衣首先发话："各位'衣臣'有何建议？我们怎样才能摆脱被人丢弃的命运？"德高望重的牛皮外套说："我认为，我们应该开发我们的新功能、新用途。这样人类就会重视我们，不会因为破旧而丢弃我们。我们不能只是成为人类生活中任意摆布的废物！"衬衫纷纷举胳膊赞同；外套举双袖同意；牛仔裤双腿举起，表示同意。

貂皮女王说："那我们现在就开始讨论，看看能不能讨论出新用途！"

衣臣三个一群、两个一伙地扎堆，同一类的在一起讨论。不一会儿，貂皮女王问大家讨论的结果，毛衣家族的高领毛衣首先发言："我们高领毛衣的'高领'可是有新用途。现在许多学生都把领子立起来当作口罩，这样，我们高领毛衣不但可以穿在身上，还可以代替口罩，节约成本，不是很好吗？"

衣臣纷纷表示同意，貂皮女王也点了点头。

衬衫家族也举手发言："大家都知道，我们衬衫有的比较单薄，容易坏掉，不过，我们的吸水量可以说是正好，如果坏掉还可以当作比较好用的抹布，可以接替抹布的工作！"

气氛十分活跃，大家争先恐后的发言。

"女王陛下，我们羽绒服坏掉了以后，外面的表面还可以接着用，因为它是防雨的，可以用来盖怕湿怕潮的物品。""我们裙子的布料有许多图案，破旧了以后可以剪下局部的布料补其他衣服的破洞，也可以为小娃娃做衣服。""女王陛下，内衣内裤坏掉了以后可以剪成布条，用来捆绑其他的物品。"……

经过一个上午的激烈讨论，服装王国讨论出了N种新用途。

你回家以后，也一定要按照他们的新用途去做，这样，就能为我们的地球节约很多的资源与成本，真是一举两得！

谁的知识最多

张翼飞

有一天夜里十二点，我刚写完家庭作业，准备上床睡觉。由于太困了，我刚躺下就睁不开眼睛了，我睡了一会儿，迷迷糊糊中听见一阵说话声：

疯狂的冰激凌节

　　"我可是最有知识的，你们看看那么多文章都是我的同类写的。"

　　"你那也算是知识，有很多文章不都是被我修改过的吗？"

　　"你俩别吵了，我才是最有知识的，没有我你怎么能写字呢？如果你写不出来字，她又怎么帮你修改呢？"

　　这时候，一个很粗哑的声音说话了，"没有我，你在哪儿写字？我的功劳可是最大的。"

　　突然，有一群小"人"说话了："在文章中，我们才是最重要的，没有我们，话说起来就没有节奏。"

　　话音未落，又一个声音嚷起来了："我才是最厉害的，如果整篇文章都只有你们和文字，不分段落，怎么表达另一个意思？"

　　各种各样的标点符号、文具争论不休。这时，书架上传来哼哼两声笑，所有"人"都向他投来鄙视的目光，一个声音说："你算什么？敢来嘲笑我们！"人群骚动起来附和道："就是就是……"

　　一支比较有自知之明的钢笔说："哎呀！他是字典，他才是最有知识的。"

　　字典却谦虚地说："我的知识是多，但我不能写字，我也不能用来擦错字，大家各有千秋，都不要吵了。"

　　听了字典老人的话，文具、标点符号恍然大悟，停止了争吵，在被窝中的我已经看得目瞪口呆。从此以后，我对我的文具都特别爱护，写的字也非常好，甚至每个标点都画得圆圆的、好好的，因为我知道，它们都是有生命的。

我打开了笼子

毛席宝

就像中了百万大奖似的，快乐的浪花汹涌起来，我圆圆的脸上漾开了满满的笑容。

这只麻雀，终于被我逮住了。此时，它正在铁丝笼中上蹿下跳。你看它那一身有趣的打扮：一顶土灰色的小帽戴在头上，黄澄澄的眼睛，好奇地瞅着四方；泛着光泽的小肚子，盖上了一层软软的绒毛，特别是那身羽毛，太迷人了！我的视线紧紧跟着这只精灵，像小时候牵着风筝一样快活。

哈哈，麻雀不在高高的枝头树梢上，它在我的笼中，将成为我的"新宠"！我乐颠颠地捧来一把米，撒进笼中。小麻雀俯下头看了看米粒，又抬头用豆大发亮的眼睛定定地看着我，似乎是在审视一个犯人。"犯人？"我的心咯噔了一下，我怎么会想到这么一个词？我犯了什么错吗？不再多想，静心看看我的鸟：雀儿一粒米也没有碰，只是在笼中上飞下跳。十分钟过去了，二十分钟过去了……也许是扑腾累了，它停在了小木棒上休息，眼中全没了先前的神采。

这只雀儿能在我眼皮底下扑腾多久？一天，两天，会出三天吗？我心中没底。它喜欢吃哪一种虫子？它爱窝在哪儿睡觉？我不知道。我不能抓虫子给它吃，不能和它一起叽叽喳喳、高谈阔论。为了暂时的拥有，为了短暂的快乐，我把它困在了笼中。我是不是自私过了头？

"自私"这个词，仿佛一只长着尖利指爪的手在抓我的心，我的心情顿时如一团乱麻。

曾经，把溪中欢畅游动的小小鱼儿捞回家养，不出三日，它们便见上帝去了；曾经，从路口的小贩手中买来毛茸茸的小鸭子，才养了几天，它们就伸直腿与世长辞了；曾经，从海边抓来反应敏捷的小螃蟹，放在小瓶中，两天内它们就先后驾鹤西去……

看着眼前的雀儿，我要重蹈覆辙吗？是让自己一时快乐，还是让鸟雀儿一生快乐？突然，一阵熟悉的鸟叫声传入我的耳孔，我把目光移向窗外。吸引过我无数回的老柳树上，一群麻雀或在树枝上蹦来跳去锻炼身体，或凑在一起，海阔天空地侃着大山。看着它们，想到明朝著名的思想家吕坤的名言"自私自利之心，是立人达人之障"，我忽然觉得心里重重地震动了一下，就像一枚核桃被一下子敲开了外壳。

我伸出手，打开了笼门。

寻找下一处风景

孔梦娜

每次来到外婆家，我都会久久站在门前，眺望远处的那座山。那山头总是萦绕着一团雾，透着几分神秘。

有一天，表姐又发现了沉醉其间的我，不解地问："你老盯着那座山干什么呀？"

"我觉得那座山有点儿神秘，真想爬上去……只是……"我皱了皱眉，"如果真的实现了，肯定会有些失落，我怕……"

"你怕生活没了憧憬？真是庸人自扰！跟我来！"说着表姐拉起我的手就向山那边跑去。

不一会儿，我们就来到了山脚下。我没想到它居然离我这么近……

"还愣着干什么呀？爬呀！"表姐喊了一声之后，径直向台阶冲去。

清晨，太阳的光芒还很柔和。深吸一口气，真是清爽宜人！踏在长满青苔的石阶上，走马观花般地欣赏着两边星星点点的美丽，目的地也离我们越来越近……

"瞧，我们要胜利了！"表姐指着不远处的山顶欣喜地说着。

163

"其实……其实把这座山当个期盼也不错呀，干吗要去实现呢？我们……"面对表姐的兴奋，我的心里却有一种说不出的感觉，竟站在半山腰不动了！

"你发什么呆呀？等你领略了山顶的风景之后再说吧！"表姐也许是受够我的婆婆妈妈了，今天硬是替我做了回主，拉着我奔向了山顶。

"怎么样，这儿的景致不错吧？"我们爬上了山顶，表姐饶有兴趣地说道，"如果你怕看过之后没了期盼，再找一个期盼不就得啦！或者再找一座山？"

再找？好像是那么回事。我每次呆望那座山，不仅仅是因为它的神秘，更是为了心中的一份期待。

我豁然开朗了，想象中的失落也突然消失了！登上了山顶，一处美丽的景致展现在我的眼前：远处湛蓝的湖水泛着耀眼的亮光。树丛和草地上的露珠儿也眨着眼睛。鸟儿都放开歌喉，欢快地唱了起来。

从此以后，我懂得了去寻找一座又一座的山峰，去攀登它们，去征服它们……

以退为进——也谈舍弃

卓婉怡

"舍弃"这一字眼，并不是愚蠢者的举动，更不是懦夫的行为，实质上是一种智慧，亦是成全与大爱，由此我们便可以得到更多的机会。

对于艰难犹豫的"抉择"来说，干脆果断地"舍弃"，不是更好一些吗？就像古人庄子所言："鱼，我所欲也，熊掌，亦我所欲也；二者不可得兼，舍鱼而取熊掌者也。"更何况我面前摆的不一定是蛇胆与大闸蟹，有可能是令人垂涎三尺的满汉全席。在众多"可口菜肴"面前，我也要用"舍弃"这一做法，将所有的东西一票否决。

我想，用这么悲观的意义来诠释舍弃的话，那么历史上那些选择了舍弃的人一定不满意。但是，它的真正含义是什么呢？我想那是一种聪明人的智慧做法，但我却不能理解，亦不能做到。这种舍弃事例屡见不鲜，每天都在上演。

亲情——一幢楼房起火，一家人准备逃生，可火势迅猛，最后逃生的地方只剩下一个小小的窗口。于是父母二人先将三个儿女一一推出去，轮到他们了，他们却互相争执着，都让对方先出去。眼看二人都要被火吞没，父亲奋力将母亲推出窗外……

友情——两个朋友去探险。但当他们到悬崖边时，一个朋友不小心失足摔了下去，另一个死死抓住他……两人坚持了很久很久，最后，掉下去的那个朋友毅然松开了手……

……

一刹那，我领悟到了"舍弃"的含义，就像是沉默着的迷途羔羊找到了方向——舍弃，表面上看起来是抛弃、舍下，实际上是舍己为人，以退为进，在懦弱的伪装下，实质上是一颗美好善良、熠熠生辉的金子般的心灵，多么奇妙！

以退为进，我想，它是"舍弃"最完美的诠释。

陈晓玲，你真牛

翟天禹

陈晓玲，名如其人，一张嘴巴很厉害，不仅能说会道，声音也如银铃般动听。如果你想跟她斗斗嘴，告诉你，你肯定是输定了。

有意思的是，这几天陈晓玲的嘴简直是"百说百中"，因此有人背地里偷偷叫她"乌鸦嘴"。如果谁胆敢明目张胆地叫，肯定会被她的三寸不烂之舌狂轰滥炸。

哈，我今天可算见识到了！

上午课间操之后，一贯叽叽喳喳的女生们兴致勃勃地玩起了沙包。我与孙玉雪一队，陈晓玲与王亚倩一队。一开始，陈晓玲队比我们队厉害。后来，我们队使出了杀手锏——眼手并用，越战越猛，比分直追对方。这时的陈晓玲队在一旁急得抓耳挠腮。只见陈晓玲眼睛紧跟着沙包的起起落落而忽上忽下，身体也一会儿直起，一会儿弯下。忽然，陈晓玲双手在嘴巴边围拢成喇叭状，大喊一声："掉下来！"紧接着，还打了一个大大的嗝。落在我手上的小沙包像是被陈晓玲的话给吓着了，忽地滚落了下来。

如果说以上事件纯属巧合，可一天内又怎么可能发生这么多巧合呢？

下午大课间时间到了，同学们又像往常一样冲出教学楼，尽情地玩耍，放松心情。我们女生围成一个大圈，踢起了毽子。彩色的鸡毛毽像一只蝴蝶在我们脚下飞舞。大家都使出了看家本领，谁都不想让毽子在自己脚下踢飞。就这样，毽子欢快地由这只脚飞向那只脚。哇，真厉害，都踢了整整四圈了！同学们不禁暗暗叫好。可就在这时，陈晓玲银铃般的声音随着毽子的飞舞飘入了每个人的耳朵："蕾蕾，踢坏！"刚踢完一脚的汲春蕾听到这声音不屑地瞅了一眼陈晓玲，心想：如此完美的一脚怎会踢坏？可谁知，毽子偏偏像听到命令似的按非正常轨道划了一个弧，笔直地向圈外飞去。即使下一个同学技艺再高，也无回天之力。哇！全体同学看着这一幕不禁目瞪口呆。

瞧，这就是陈晓玲，你说她牛不牛？